JN112172

知らないとヤバい
ソロ社会マーケティングの本質

マーケティングディレクター
荒川和久

ぱる出版

はじめに

マーケティングを語る上でないがしろにされてきたものがある。

ひとつは、社会構造の変化である。性別や年齢などのデモグラ論法に終始し、生まれ年をベースとした世代論によって、あたかも、大量生産・大量消費の昭和時代のように「群の論理」で顧客をとらえ続けている。

確かに、昭和はそれでよかった。みんなが同じような所得であるという中流意識の下、同じようなモノを追い求め、同じような暮らしをすることが目標でもあったからだ。

しかし、1990年代以降、大きく潮目が変わった。何より今までの社会を構築していた基本構造が大きく変わってしまったのである。**今や、誰もが必ず結婚する時代は終焉を迎えた。生涯未婚率は男3割、女2割に達しようとしている。**加えて、生涯子どもを持たない生涯無子率も男4割、女3割である。男性の4割は自分の子を持たずに死んでいく。

1980年代までの皆婚時代は、配偶関係の統計を知る必要もなかった。みんなが結婚して、所帯を持ち、子どもを2人育てるという標準世帯への道を歩いていたからである。

しかし、その護送船団方式家族の時代は終わったのだ。

かつて1970年代は夫婦と子世帯が全世帯の45％を占めていた。しかし、もう2割台まで減少している。かわりに、**世帯構成のトップは、一人暮らしの単身世帯である。2040年には、単身世帯率が4割に達すると見込まれている。**

単身世帯、それを私はソロ世帯と呼んでいるが、そのすべてが一度も結婚したことのない生涯未婚者ではない。結婚しても離別で独身に戻る割合も増えている。離婚率の指標である特殊離婚率でいえば、2001年に36％を超えて以来、2020年に至るまで一度も35％を切ったことがない。まさに「3組に1組は離婚している」のである。

離婚だけではない。当然、人間には寿命がある。夫婦が同時に亡くなるわけではない。必ずどちらか一方が配偶者との死別によって独身に戻る。

子どもを産み育てても、一生子どもと同居するわけではない。いつかは子は独立して親元から離れてもいくだろう。そもそも、かつての大家族形態は消滅しかかっている。

つまり、**結婚しても、子どもを産み育て、家族となっても、誰もがいつかはソロに戻る可能性があるのである。**

家族は必然ではないし、永遠でもない。むしろ、長い人生の中で「親子」という家族で過ごす時間は、未婚や離婚の増加によって相対的に減っていると見るべきである。

これが、明治民法制定以来続いてきた皆婚時代と家族主義時代の終焉なのであり、社会構造の大変化が起きているということだ。社会構造が変化すれば、当然消費の構造が変わる。日々の食材の買い物をするのは主婦に限らない。家事も同様である。**世帯数がソロの方が多いのに、いつまでも家族向けの商売をやっていても通用しない。**

そして、何より配偶関係が違えば、消費行動もその動機も違ってくる。わかりやすく言えば、ソロ型消費と家族型消費はまったく違うのだ。それはかつて独身だった既婚者も知っていることだろう。生涯未婚が増えれば、家族型消費を一生しない人間の割合が増えることになる。未婚でなくても離別死別で独身に戻る割合が高くなれば、結局家族型消費ではなくなる。

社会の構造が激変した中で、いつまでも性別や年齢、世代で消費者をとらえているのは時代遅れである。ソロと家族とではその消費行動はまったく別物であるという前提に立てば、市場全体を昭和とは違う視点と視座でとらえることが必要となる。

もうひとつは、環境変化である。社会構造や消費構造の変化に伴い、環境が大きく変わってきた。ここでいう環境とは、温暖化などの地球環境の話ではない。それぞれが生活する土台としての環境である。そこにはテクノロジーの進歩も含まれる。

ネットの普及でもっとも変化した環境とは、接触する情報量の増大だろう。新聞やテレビなどのマスメディアだけではなく、今やスマホが各人の「掌メディア」となっている。そうした**情報過多の時代に人間が適応するためには、「感情」の力が重要**になる。

ポジティブ的には「共感」や「喜楽」、ネガティブ的には「嫌悪」や「怒り」という感情によって多すぎる情報を選別している。言い換えれば「あり」か「なし」の二元論で判断する。感情に基づいて行動するのは太古の昔から人間はそうだが、現代はその感情の振れ幅が大きく、短時間の間にめまぐるしく動く。そして「好き」だけでは動かない。むしろ「嫌い」なものをあえて探し出してまで「自分の嫌いの感情の元を叩く」ことで安心する行動をしている。

行動は意志では行っていない。感情によって実施した行動を脳は理屈付けして「正しい行動だった」と自己弁護しているに過ぎない。安心を求めるために、グルメサイトの星をチェックしたり、SNSの優勢意見に寄せていこうとするのもそういうことだ。

守るべき家族や規範があれば簡単である。すべてを「家族の幸福のために」ということで片づけられるからである。しかし、家族や群れという共同体を持たないソロは一見自由であると同時に不安定な状態になる。足元の自分の環境がぐらついているがゆえに、ソロは幸福を感じにくくなる。

かつてのモノ消費の時代は消費そのものが目的でもあった。所有することそれ自体に価値があった。しかし、今はどうだろう。「欲しいモノがない」という状況になっている。大抵の必要なモノは揃っているし、「失われた30年」の不景気の中で、消費意欲そのものもおさえられてきた。昭和のように、広告を打てば売れるなんてことはないし、キャンペーンなんて邪魔扱いされる。デフレ脳の中で値引きが当たり前となり、**今までの「マーケティングの教科書」などほとんど役に立たない**。

意識高い系のマーケター界隈は、いつしかデータドリブンだ、KPIだなどと、数字を口にしていれば仕事ができそうだと思われるようになり、肝心のお客、人間そのものの「感情」を見なくなってしまった。何か企画をしても「それの成功事例はあるのか」と上司に言われ、事例集めばかりさせられていないだろうか。世の中にあふれるマーケティング本を読み漁り、セミナーなどに参加して、理屈ばかりを習得して実践するものの、まさに就活セミナーを受けて面接に訪れる大学生のように、同じような内容の、同じような企画を、同じようなプレゼンで実施するようになる。それどころか、メディアに取り上げられる一部の有名なマーケターにあやかりたいのか、その格好や言葉遣いだけを真似る軽薄な者までいる。

そもそも商売の基本である原価の仕組みやそこに関わる人々の仕事の中身を理解しているマーケターは今どれくらいいるのだろう。そもそも店頭に立ったことのないまま商いを語っていないだろうか。アンケート調査をやった程度で世の中を俯瞰で見ているように思い込み、グループインタビューをやったくらいで顧客の気持ちがわかったつもりになってやしないだろうか。統計学に基づく重回帰分析はできても、ひとりひとりの人間の「感情」の動きというものに関心を持っているだろうか。**望むと望まないとにかかわらず社会は個人化する。個人化する社会とともに、消費もまた「群から個へ」と移行する。**かつてマイノリティだったソロが5割にまで拡大する中で、従来の家族論法だけでは通じないことがある。家族のため、子どものために一生懸命がんばれば幸福を感じられた層とは違うのだ。あらゆるものがデジタル化され、可視化されたように思いがちだが、そこにこそ罠がある。見えるものだけを見ようとしていないだろうか。

サン＝テグジュペリは「星の王子さま」の中でこう書いている。

「本当に大切なものは目には見えないんだよ」

はからずも、2020年からのコロナ禍が思い知らせてくれたのは、まさに見えないものへの恐怖であり、今まで当たり前すぎて見ようとしなかった「人とのふれあい」の大切さであり、消費をすることを含め、生活する、行動することの真の喜びとは何かということへの気づきだったのではないか。デジタルやテクノロジーの時代だからこそ、太古の昔から人間が大事にしてきたものへの見直しが必要になってくる。売り買いとは決してモノと貨幣の交換ではない。それは手段に過ぎず、もっと本質的には互いの感情の接続である。

事例やハウツーやテクニックなどという小手先の知識を習得する前に、人間の本質というものと向き合い、個々人がまず変化する環境や構造を正確に理解した上で、自分自身に「問い」を立てる必要があるのではないかと思う。もはや、統一的で普遍的な正解など存在しない。正解を答える力よりも「問い」を立てる力こそが求められる。

環境としての社会構造や消費構造は変わっている。環境が変化する以上、それに適応しなければ生き残ってはいけないのは当然だ。同時に、構造の変化とは関係なく、忘れてはいけない本質の部分を忘れてしまってはならないだろう。我々は、もうすでにソロ時代へ向かう道を歩き始めている。便利なナビゲーションはない。自ら太陽の位置を確認し、風を感じ、試行錯誤していく必要がある。その一助となれば幸いである。

はじめに……002

第1章

社会構造が変わる

・昭和の人生すごろく……014
・日本のソロ社会化……016
・家族が消滅する……021
・家族は作られず、壊されていく……024
・生涯無子率5割時代へ……028
・出生数が減るのは日本だけではない……030

第2章

消費構造が変わる

・世代論マーケティングは無意味……036
・Z世代マーケティングのまやかし……042
・消費は女性が動かすと言われたが本当か?……049

第3章

市場が変わる

・独身なんて狙ったって儲からないという説の嘘……059
・スーパーとコンビニ売上に見るソロエコノミーの隆盛……063
・冷凍食品の隆盛……068
・「ガチソロ」「カゲソロ」「エセソロ」「ノンソロ」……072
・独身だけが「ソロ活」をするのではない……076
・年齢とともに変化するソロ度割合……080
・家族市場規模を凌駕するソロ活市場……083
・外食産業を支えているのは独身者……088
・外食産業を支えてきた「おひとりさま」……090
・日本の食文化を形成したソロたち……097
・エンゲル係数が高い独身男性……103
・ソロ旅需要の変化……104
・認められてきたソロ温泉……109

・遊園地、動物園、水族館のソロ活増加……113
・周辺消費を生み出すオタク消費……116
・男性コスメに熱い注目……123

第4章

感情をとらえる

・デモクラシーからエモクラシーへ……128
・私が不快だからというクレーマー……131
・ソロと家族とでは「感情」のOSが違う……137
・未婚の中年男性の幸福度はもっとも低い……142
・承認欲求には男女差がある……148
・「モノ消費」「コト消費」とは？……157
・エモ消費という概念……164
・幸福を買う？……169

第5章

環境のお膳立て

・人を動かしているのは意志ではなく感情……174
・環境と感情と理屈……178
・お膳立て理論……185
・「面倒くさい」を価値化する……188
・すべての行動は受け身である……193
・「無」を求める感情……196
・男脳・女脳なんてものはない……200
・「選択肢の罠」の落とし穴……203
・文脈を作るというイノベーション……206
・接続するコミュニティ……210
・テクノロジーが発達しても残るもの……215

おわりに……219

第1章

社会構造が変わる

○昭和の人生すごろく

マーケティングの領域ではよくデモグラフィック論法が使われる。略して、デモグラと呼ばれるが、これは、性別、年齢、ライフステージなどの人口統計学に該当する属性の総称である。詳細に分ければ、そこに職業や年収、配偶関係の別なども含まれるはずであるが、実際にそこまでは見ていない、せいぜい、性別と年齢くらいのものだ。なぜなら、性別と年齢くらいで分けておけば、大体大きな属性としてそう大差はなかったからである。昭和までは。

タカラトミー社が出している「人生ゲーム」というボードゲームがある。1968年の発売以来、累計1000万個も売れ、現代でもまだ発売されている超ロングセラー商品である。少なくとも今の50代以上の方はよく知っていると思うが、ゲームシステムはまさにすごろくである。サイコロではなく、ルーレットを回して出た目の数だけ進むというのが特徴だが、あのゲームでは必ず「結婚」のマス目で全員が強制的に止められて、結婚するというルールだった。

個人の希望の有無などは関係なく、ある程度の人生の経験の筋道上に必ず「結婚」というイベントが不可避なものとして設定されており、プレーヤーは必ずそこで結婚するのだ。ゲームは、プレーヤーのコマが自動車で設定されているため、「結婚」のマス目では助手席に配偶者が自動的に乗車することで進められる。そこに当時のゲームで遊ぶ子どもたちは何の違和感もなく、受け入れて楽しんでいた。子どもなので「誰と結婚するのか」なんてことを思うこともなく「結婚はするもんだ」という常識というか、社会規範が刷り込まれていたからである。

事実、このゲーム発売直後の１９７０年代前半には第二次ベビーブームが起き、１９７２年には日本史上最大の約１１０万組が結婚している。ちなみに、２０２１年の婚姻数は約50万組である。**50年間で半分以下に落ち込んでいることになる。**

ゲームの世界だけではなく、当時はそういう形で万人がすごろくのような人生を辿っていた。同じような年齢で社会に出て、同じような年齢で結婚し、同じような年齢で子どもが生まれ家族となっていく。農家や自営業を除けば、多くの雇用者は結婚とともに「夫が外で働き、妻が家を守る」という体制となっていた。一億中流社会といわれ、一部の例外を除けば、給料も平均近辺に落ち着いていたものだった。だからこそ、性別と年齢の属性の区分けだけで、それ以上の細分化をする必要がなかったわけである。

まさに、昭和までは誰もが人生すごろくをしていたのだ。

しかし、もはや社会構造は大きく変わった。全員があらかじめ定められた同じようなルートで人生を送るという「統一的かつ標準的な人生ゲーム」ではなく、個々人がそれぞれの道を進むという「多様型かつ分散型の人生ゲーム」をプレイすることを余儀なくされている。

そういう前提で考えた時に、**今までのような単純な性別・年代別のデモグラ論法だけでマーケットを予測しようとしても意味はない。**それは、とりもなおさず、今までマーケティング業界で幅を利かせてきた「世代論マーケティング」の終焉も意味する。

日本のソロ社会化

「日本は独身者が5割の独身大国になる」ということを書いた拙著『超ソロ社会』（PHP新書）は2017年に出版されたものだが、それまで社会を論じるにあたって、世代や家族または共同体ベースで語られることが多かった中で、独身者にフォーカスを当てた点が大いに話題となった。おかげさまで、日本のみならず、世界のメディアから取材を受け、『超ソロ社会』は韓国、台湾、中国でも翻訳本が出版されている。まさに、これらの国々にとっても決して対岸の火事ではないからである。

前提として「独身が5割になる」は決して嘘でも誇張でもない。ここでいう独身とは、未婚だけはなく、死別や離別で独身に戻った人も含む。社人研の推計では、**2040年には15歳以上人口における独身の比率は47％になり、ほぼ半々になると推計されている。**

2020年の国勢調査の実績値においても、独身率は44％である。日本は高齢者の多い超高齢国家といわれているし、事実その通りなのだが、次ページの図1－1にあるように、高齢人口より独身人口の方が多いソロ社会なのである。

「ソロ社会」とは、私の造語であり、独身男女を「ソロ男《だん》」「ソロ女《じょ》」と名付けたのは2013年頃からだが、その後、「ソロ活」や「ソロ充」などという言葉が流布されるようになり、かつては「おひとりさま」や「一人○○」といわれていた単独での活動が「ソロ飯」「ソロ旅」「ソロキャンプ」などというように、ひとつの代表的な冠言葉として使わ

図1-1 高齢者より独身者の方が多い日本

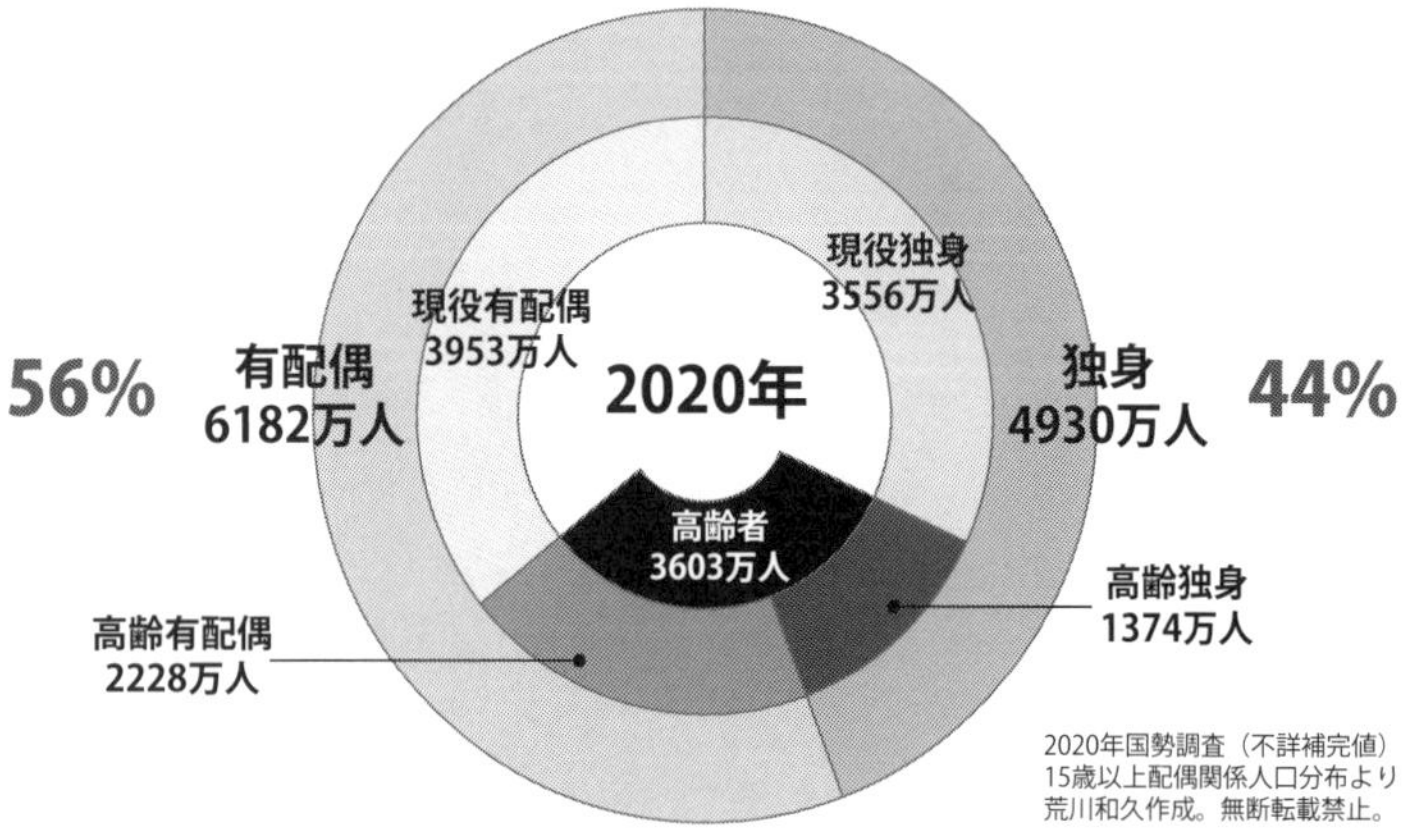

2020年国勢調査（不詳補完値）
15歳以上配偶関係人口分布より
荒川和久作成。無断転載禁止。

れている。

独身をソロとしたのには理由がある。

英語で独身という時はシングルが使われる。シングルもソロも、その意味合いは一人というものだが、シングルの場合は「個々の」という意味合いが強い。シングルベッドは、1人用の個々で使うベッドという意味だし、テニスや卓球などのシングル戦とは個々の対戦という意味だ。

一方、ソロも一人という意味を持つが、「単独で」という意味になる。

ソロという単語は、音楽アーティストを指す言葉としてよく使われる。元バンド活動していた人が解散・脱退によって、単独で活動し始めることも「ソロ活動」といわれる。楽曲の途中で、メインとなるパートを一人で演奏する場合にもソロという言葉を使う。大勢のオーケストラの中で一人で演奏することは「ソロ演奏」であり、それを行う者は「ソリスト」と呼ばれる。

シングルという無個性な単なる状態を示す言葉ではなく、ソロという言葉の中には、そこに「単独でも活動する」という前向きなものを感じられることから、私は独身をソロと呼ぶことにしたのである。そういう意味では、「ソロ社会」とは、単独で活動する人たちが多く存在する社会ということになる。決して「結婚できない人が多くなった社会」という意味ではない。

独身を表す言葉として、統計的にも使われているものに「未婚」という言葉がある。これも実は不思議な言葉である。「未だ婚姻していない」という意味で、そこには「いつかは結婚する」「結婚をしていない未成熟な状態」という意味が込められている。英語でもun-marriedという言葉が使われる。結婚するのが当たり前という前提なのだ。

しかし、日本では皆婚時代はすでに1980年代に終了した。

「50歳時未婚率」という指標がある。かつて「生涯未婚率」といわれたものだが、

図1-2 生涯未婚率（50歳時未婚率）推移

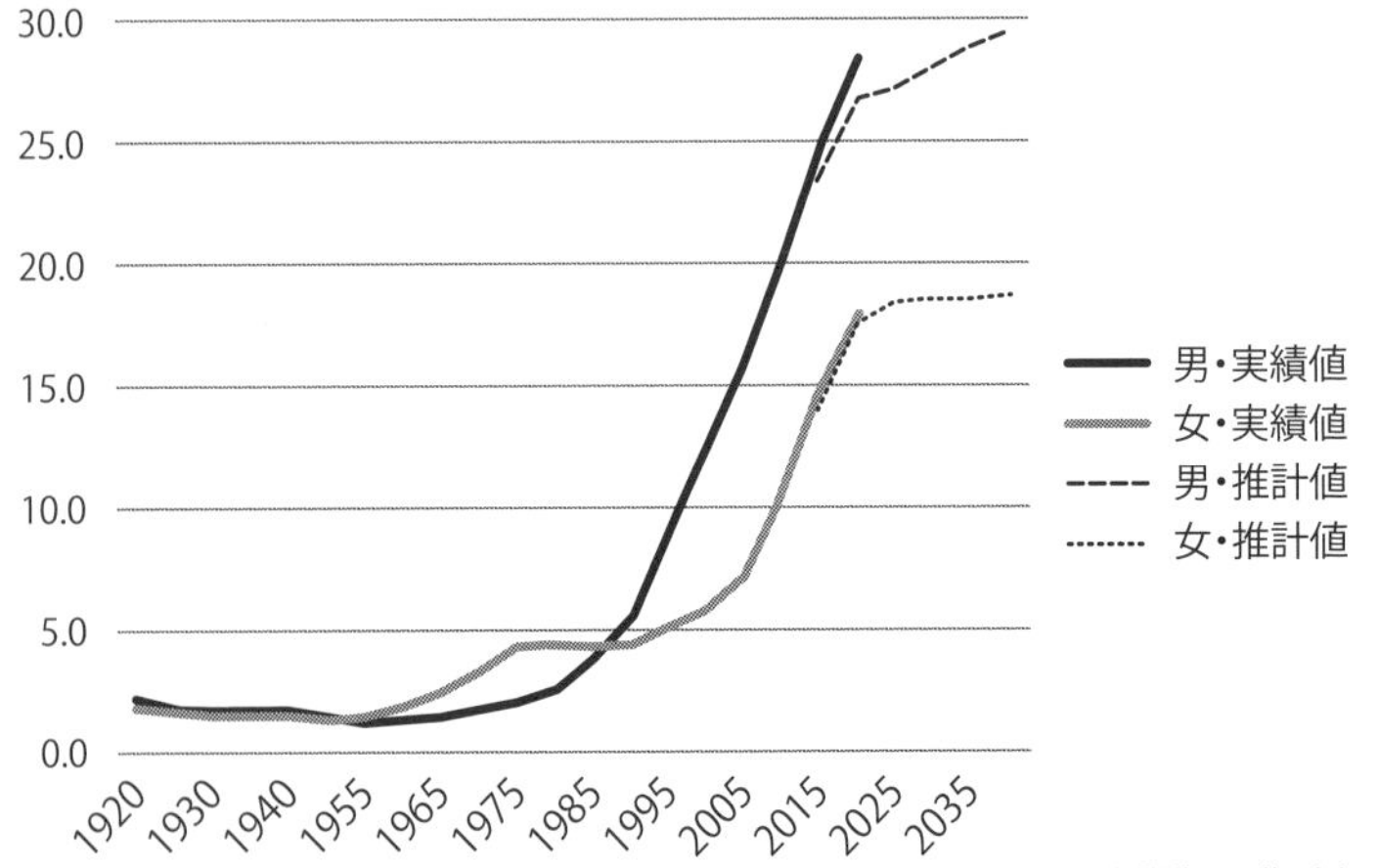

社人研「人口統計資料」および将来推計（2018年推計）より荒川和久。
2015-2020年は不詳補完値。

２０１５年以降に変更された。「生涯未婚とはなにごとか」と誰かからクレームでも入ったのだろうか。しかし、統計上は50歳を超えて初婚する確率は１９８０年代までほぼなかったし、現在でもそれはあまり変わらない。よって生涯未婚率という言葉に間違いはないのである。よって、本書では生涯未婚率という言い方で統一する。

生涯未婚率とは、45～49歳の未婚率と50～54歳の未婚率とを平均したものである。50歳の未婚率ではなく、いわばアラフィフの未婚率である。図に示した将来推計の計算は２０２０年国勢調査より配偶関係不詳値を正式採用しているが、２０２０年の生涯未婚率は男28・3％、女17・8％となる。

2018年の社人研推計よりも早いペースで上昇していることになる。1990年代からのこの未婚化の急上昇が日本のソロ社会化を決定した。

家族が消滅する

かつて「夫婦と子ども2人」の4人家族が標準世帯と呼ばれていた。長期の世帯構成人数推移を見ると、1970年代から80年代までは「4人世帯」が世帯の中でもっとも多い構成比を占めていた。ところが、1990年にピークを迎えた後、長らく減少し続け2020年時点では4位にまで後退している。

代わって、**圧倒的な1位に君臨しているのが「1人世帯」、つまりソロ世帯である。**

これは未婚化だけの影響ではない。もちろん、それも含むが、もうひとつ、高齢者の単身世帯化も同時に起きている。結婚して家族となったとしても、離婚する場合もある。離婚しないまでも、いずれ子どもは独立し、配偶者とは死別し、必ずどちらか一方は一人となる。大抵の場合は、平均寿命が女性の方が長いので、高齢女性の単身化という形になる。

図1-3 世帯人員別世帯数長期推移

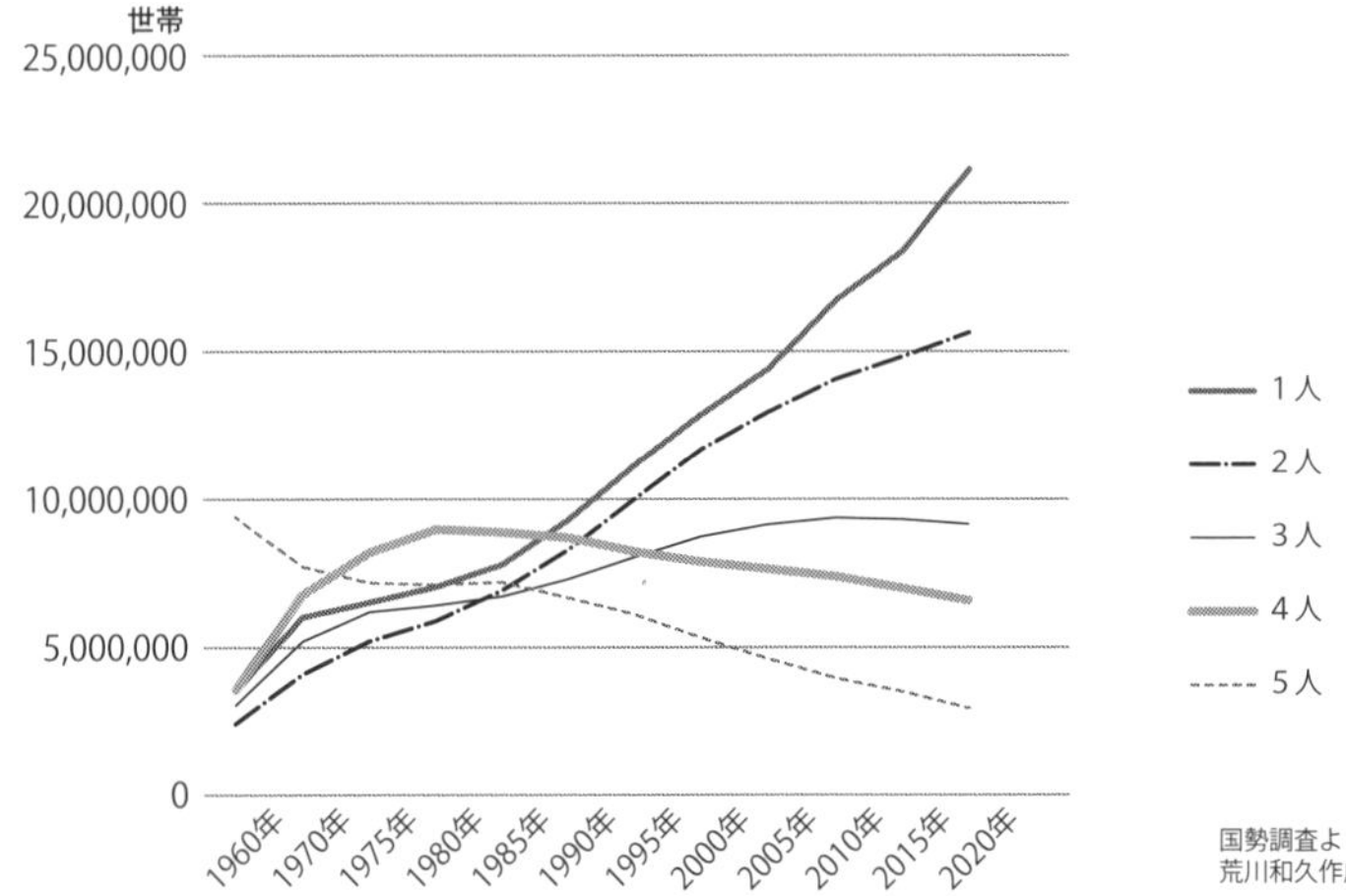

国勢調査より
荒川和久作成

同様に、「２人世帯」も増えているが、これも別に昔流行った「DINKs」夫婦が増えているわけではない。高齢単身世帯化の直前の形態として、高齢の夫婦のみの世帯に戻ったパターンも多く含まれている。

つまり、この世帯人数推移からは、かつての家族が、子の独立とともに夫婦２人だけになり、どちらかの死亡により、１人になるという流れが見てとれる。

世帯類型別に見てもその流れは同様である。１９８０年から２０４０年（推計）を見ると、単身世帯と夫婦と子世帯の比率は鏡のような対称形となっている。

独身人口が5割になるだけではなく、世

図1-4 世帯類型長期推移と推計

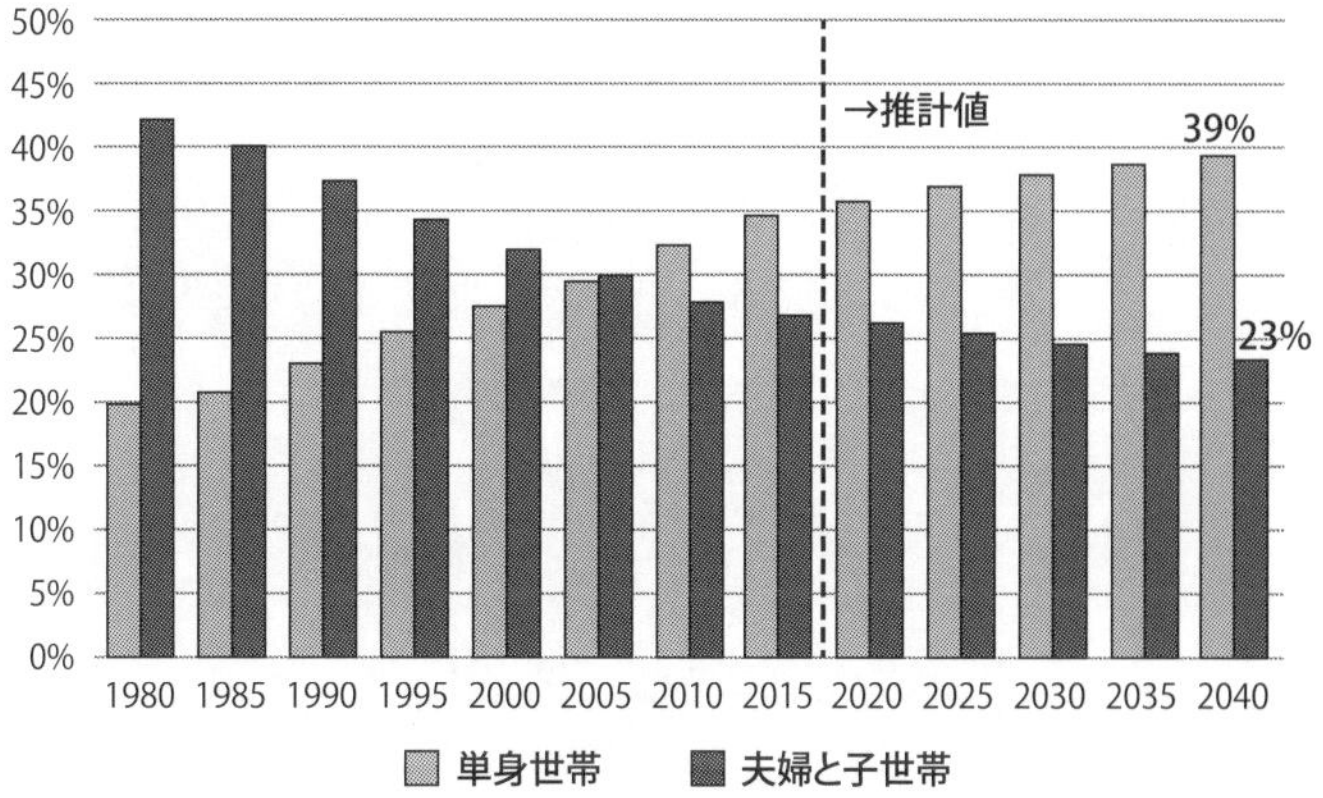

2015年までは国勢調査。2020年以降は、社人研2018年将来推計より荒川和久作成。無断転載禁止。

帯の構造もその4割が単身世帯となるのだ。 かつて世帯の中心だった夫婦と子という家族は2割台にまで減る。

　ドイツの社会学者ウルリッヒ・ベックは、「昔、家族は、資本主義社会での心のよりどころだった。だが、個人化によって家族はリスクの場に変わりつつある」と分析し、従来の伝統的な共同体であった家族は、「すでに死んでいるが、依然として形だけは生き残っているゾンビカテゴリー（死に体カテゴリー）」とまで表現した。

　家族が消滅するとはどういうことか。

○家族は作られず、壊されていく

現行の日本における家族とは、基本的に婚姻によって成立する。逆にいえば、婚姻数が減れば、自動的に家族の数は減るのである。

図1－5は1883年（明治16年）から2021年までの長期の人口千対婚姻率と特殊離婚率の推移をまとめたものである。明治から1970年代前半の第二次ベビーブーム期までは、多少のバラつきはあったものの、婚姻率は8・0～10・0の間で安定的に推移してきたが、1980年代以降減少の一途を辿っている。いかに最近の日本において婚姻が減ったかがわかると思う。婚姻が減れば家族は作られないのだから、家族が減るのは当然なのだ。

同時に、離婚率を見ていただきたい。婚姻率の減少とは裏腹に、離婚率は増加傾向にある。1998年以降、離婚率は3割を超え続けている。「3組に1組は離婚する」といわれているのはこのことである。

ちなみに、この「3組に1組は離婚する」という論を否定する大学教授などがいるが、

図1-5 婚姻率と離婚率 長期推移

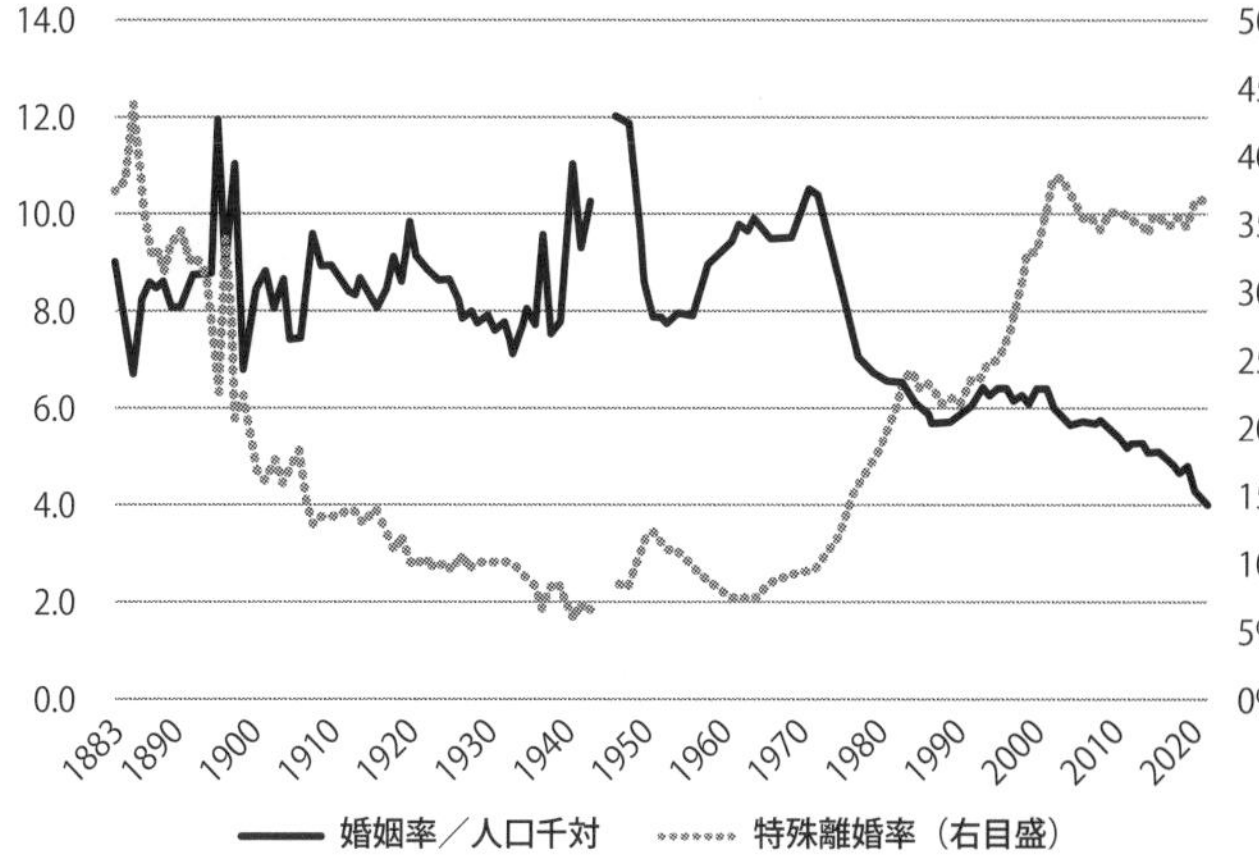

人口動態総括表及び人口動態総覧より　荒川和久作成。

それこそ間違いである。特殊離婚率とは、年間あたりの離婚数を婚姻数で除したものであるが、否定論者はその年に婚姻した夫婦だけに限らないのだから、正しくないというわけだ。一見、納得できそうな理屈に思えるが、この特殊離婚率というものは別に1年単位での切り取りで見るものというよりは、「結婚が何組作られ、何組壊されているのか」を知る重要な指標なのである。

長期間の累計値で具体的に説明しよう。1990年から2019年までの30年間の全年代を対象とした婚姻数累計は、2150万組、離婚数累計は693万組である。30年間の累計特殊離婚率は約32％となる。もちろん、この離婚数の中には、

１９９０年以前に結婚した夫婦も含まれているが、30年間の累計においては誤差の範囲だ。つまり、この30年間で結婚した夫婦のうちの32％は離婚をしていることになる。**まさしく「3組に1組は離婚」しているのだ。**

ただでさえ少ない婚姻数の上に、その少ない婚姻が離婚によって壊されていく。まさに、家族が作られず、壊されていくばかりなのだ。

むしろ、20世紀に入って以降、日本の離婚は極端に少なく、婚姻が多かった１９７０年代まで離婚率は10％前後しかなかったのである。

それより、明治時代の離婚率の高さにお気づきだろうか。江戸時代から明治の初期にかけては、特殊離婚率はほぼ4割で、現代よりも多いのだ。

ちなみに、人口千対離婚率で見ても、１８８３年時点で３・38もあった。２０１９年実績である1・69のほぼ倍である。人口千対離婚率は、江戸時代では４・80を記録した村もあり、２０１９年での世界一高い離婚率はチリの３・22なので、当時の日本の離婚率は世界一レベルだったかもしれない。

江戸時代、離婚が多かったことは、享保15年（１７３０年）の史料に「世上に再縁は多く御座候」という記述があるし、土佐藩には「7回離婚することは許さない」という禁止令があったことからも想像できる。むしろ6回までは許されたのだ。禁止令が出るということは、実際にはそれ以上の離婚があったという証拠でもある。

離婚が増えたのは最近の話だと勘違いしている人が多いが、**もともと日本は離婚大国であったという事実を認識しておくべきで、最近の離婚率が高いのは異常なのではなく、元に戻っただけという解釈もできる。**

江戸時代に離婚が多かった最大の理由は、農民は当然ながら、町人も男女とも働いていて（「銘々稼ぎ」と呼ぶ）互いに経済的自立をしていたからである。逆に、明治以降昭和にかけて極端に離婚が少なかったのは、1898年の明治民法によって庶民にも家父長制が導入され、妻の財産権が剝奪されたことによる。離婚をすれば妻は生きていけないという環境が離婚を大きく減少させたのであって、決して当時の日本人の価値観の問題ではない。明治民法のこうした制度の狙いは、富国強兵を目指した当時の日本において人口増が至上命題であり、こうした結婚保護政策が必要だったためである。決して明治時代の男女が肉食系恋愛強者揃いだったわけではない。

出生にしても結婚・離婚にしても、人口動態に関わる環境というのは、長期的な歴史の流れの中でその構造が変化していくものである。10年や20年で何かが劇的に変わるものではない。人口動態や社会を語るのであれば、少なくとも歴史くらいは知っていなければ話にならないのである。数字を見る時には、点だけで解釈するのではなく、長い歴史的経緯を踏まえての判断が必要である。婚姻も離婚も時代の環境というものの影響が大きいからだ。

○生涯無子率5割時代へ

生涯未婚率についてはよく報道もされるので、世間的な認知度も高まっているが、実はそれよりも深刻なのは生涯無子率である。生涯に一度も子を持ったことがないまま人生を終える人の割合である。

生涯無子率は、有配偶者と離別死別した元既婚者を含む婚歴有の無子割合に、未婚の割合を足し上げたものである。実は、日本における生涯無子率という正式な統計は存在しない。が、出生動向基本調査において、45〜49歳時点の夫婦の子無し割合については長期的に統計をとっており、そこから類推することが可能である。

それによれば、2020年時点での生涯無子率は、男性で38・2%、女性で27・7%に達する。**ほぼ男性の4割、女性の3割が生涯無子であるということになる。**

これは、かつて流行ったDINKsのような、結婚しても子を持たない選択をする夫婦が増えているということではない。もちろん、夫婦の無子割合も増えてはいる。増えてはいるが、それは、1980年代と比べて3・5%から9・9%へと6・4ポイントあがった程度である。生涯無子率を押し上げているのは、やはり未婚率の上昇で、1980年代から男性は25・7ポイント、女性も13・4ポイントも上昇しているためである。つまり、生涯無子率をあげているのは、ほぼ未婚率の上昇分であることがわかる。

実は、拙著『超ソロ社会』の中においても国勢調査から生涯無子率を推計して出している。おおむね生涯未婚率＋10%程度であろうと結論づけているが、その推計は間違っていないということになる。

すでに述べたように生涯未婚率はまだまだ上昇する。男は3割以上、女も2割以上になるだろう。夫婦の無子割合も10〜13%程度は上昇するだろう。そうすると、**近い将来、男**

の5割、女の4割が生涯無子ということになるのである。

「家族が消滅する」というのも、あながち大袈裟な話ではないかもしれない。

出生数が減るのは日本だけではない

少子化や人口減少は不可避であり、どんな政策をしたところで解決はしない。それはさんざん今まで私が書籍やネット記事でもエビデンスとともに8年前から書いてきたことだが、事実その通りになっている。

別に私が予言した話でもない。1996年の社人研の低位推計で出した出生数が、現在に至るまでほぼ誤差なく推移していることをご存じだろうか。「推計よりも8年早く出生数が80万人を割る」などとメディアは書き立てるが、それは中位推計の話だ。

少子化や人口減少は「静かなる有事」などではない。当然やってくる未来に過ぎない。

出生率があがらないのは、決して世の女性たちが子どもを産んでいないからではない。1人当たりの母親が出産する子どもの数の割合は、1980年代と変わらない。それなのに**出生数が減っているのは、単純に出産対象年齢である15~49歳の女性の絶対人口が減って**

いるからだ。

日本には2回のベビーブームがあり、2回目は1970年代初めである。その頃に生まれた子どもたちが親になる時代はちょうど1990年代終わりから2000年代前半だった。本来ならば、ここで第三次ベビーブームが起きるはずだった。しかし、それは起きなかった。**バブル崩壊、就職氷河期など若者をとりまく経済環境は最悪の時代で、とても結婚どころではなかったのだろう。これが未婚化の始まりでもある。**この「来なかった第三次ベビーブーム」があった時点で、もはや日本の少子化と人口減少は確定されたのである。

合計特殊出生率は15～49歳対象だが、日本の年齢別出生構成で見れば、出生の9割は15～39歳までの出生で占められる。その年齢の女性のうち、出産して母親となった人口を国勢調査のデータから1985年と2020年とで比較してみよう。

1985年に約1060万人いた母親の数が、2020年には約390万人にまで減っている。実に6割減である。絶対人口では3割減どまりだが。未婚化によってさらに減った。

わかりやすく説明すると、**1985年には100人いた1人以上の子を産んだ母親の数が、2020年にはたった40人にまで減ってしまったことになる。**1985年の100人の母親が2人の子どもを産んでいたと仮定すれば、200人の子どもが産まれた。しかし、

40人に減った母親が同じ数の子どもを産むためには、1人最低5人の出産をしなければならないことになる。出生数をあげることがいかに無理な話かわかるだろう。これを私は「少母化」と呼んでいる。

少子化対策において、常に「見習え」といわれるフランスにおいてもこれは同様で、INSEE（フランス国立統計経済研究所）も自国の近年の出生率低下の要因のひとつに、フランス人の出産・育児年代に当たる女性の減少をあげている。まさに、日本同様フランスも「少母化」なのである。フランスに限らず先進国はみなそうだ。

さらに深刻なのは、中国の近年の出生率の急降下である。中国の統計はその出所や公開年によってバラバラで、何が本当の数字なのかが曖昧であるが、国連の数字を正として判断すれば、2021年の中国の出生率は1・16となっている。日本よりも低いのだ。ほんの数年前まで1・6～1・8をキープしていたとは思えないほど、直近の4年間でガタ落ちとなった。

人口減少も不可避である。**2100年には日本の人口は6000万人程度になる。現在の半分だ。**これは、社人研の「将来推計人口（平成29年推計）報告書」の出生中位・死亡中位推計でも明示されている通り。ちょうど1925年（大正14年）の人口5974万人とほぼ同等ということになる。

勘違いをしている方も多いのだが、人口減少は少子化によってのみ引き起こされるのではない。**今後の人口減少は高齢者の多死化によって促進される。**

2022年の年間死亡者数は150万人以上となった。その9割は75歳以上である。これは、日本の統計史上最大の年間死亡者数を記録した1918年の149万人（スペイン風邪のパンデミックがあった年）を超え、統計が残らない太平洋戦争期間中の年間平均死亡者数に匹敵するといわれる。**戦争もしていないのに、戦争中と同等の人数が死ぬ国になった。しかも、社人研の推計によれば、それが約50年間継続する。**単純計算して、2022年から2100年まで合計1億1576万人が死亡し、生まれてくるのはわずか4728万人程度。差し引き約6850万人の人口が消滅する。2100年の人口約6000万人が決して誇張ではないとわかるだろう。

実際、死亡数は150万人を超えるのは、本来2024年のはずだった。推計より早く多死社会が始まったのだ。世界に先駆けて日本が多死化するのは、日本が世界一の超高齢国家であるからであり、他の先進諸国も高齢化率の上昇のその後は確実に多死社会となる。

アフリカを除く世界中が少産多死になるのだから、世界の人口減少も必至なのだ。

日本の人口減少に対して、移民の増加などをあげる人もいるが、もはや日本は他国にとって魅力的な国ではない。この低賃金の国に出稼ぎに来ようと思う若者はいない。

「50年先、80年先のことを考えても仕方がない、未来はわからないのだから」と言う人もいる。確かに、テクノロジーなどは日進月歩でどんな未来がくるか、5年先ですら予想できないかもしれない。しかし、人口動態予測は少なくとも外れない未来のひとつである。少子化、多死化、人口減少は確実にやってくる未来である。

そろそろ私たちは、その現実を直視し、**「人口は減り続ける」という現実を前提に適応戦略を考えないといけないフェーズに来ている。**人口が今の半分の6000万人になってしまう未来を「恐ろしい」「危機だ」と言っていれば未来が変わるものではない。「恐ろしい未来」ではなく「当然やってくる未来」としてとらえ、**6000万人になってもやっていける道筋を構築する。**そうした視点に考え方をシフトしていくべきだろう。

確実に、厳寒の冬がやってくることがわかっているのに、いつまでもTシャツ1枚でいたら凍死するだけである。

第2章

消費構造が変わる

○世代論マーケティングは無意味

従来、マーケティングの世界では世代論が使われていた。「団塊世代」「新人類世代」「バブル世代」「氷河期世代」「ゆとり世代」など、生まれた年代の社会背景に応じた共通の価値観から消費性向をとらえるというものだ。今でも後生大事に使っているところもあるようだが、いかがなものだろう。

確かに、同じ年代に生まれて、学校を出て、就職して、結婚して、親になるという一連の流れが共通だった「人生すごろく」時代はそれでよかった。しかし、今や単身世帯が増加し、結婚せずに一生を終える生涯未婚者層が増大する中で、同じ年代に生まれたというだけで簡単には一括りにできない。

世代論の中でよく話題になるのが「若者論」であり、最近は「Z世代」という言葉が氾濫している。あろうことか、そうやってレッテル貼りされている若者自身が、得意気に自ら「うちらZ世代だから」などと言い出す意識高い系界隈まで出現する始末である。

身も蓋もない話をすれば、今までの世代論も若者論もすべておじさんたちが定義したものであって、Z世代に関しても例外ではない。「俺たちはおじさんたちとは違うんだ！おじさんたちには俺たちのことはわからない」と言いながら、おじさんたちが定義した枠内にきれいに収まることで、自己を見出そうとするのもまた、歴史上繰り返されてきた若者の姿でもある。

つまり、「大人の常識に収まらない自由な価値観を持っているのが若者」なのではなく、**「大人の常識に収まるまで自由に動き回っていい囲いのある場所で遊ばされているのが若者」**なのである。

見方を変えると、大人たちは、大人になると、その「自由のフィールド」から追い出されてしまう。自ら進んで出て行く者もいるが、まだ中にいたくても強制的に追い出されてしまうのである。

同時に、外に出ると、今まで自分たちがそうされてきたように、大人たちは大人たちなりに、見えないところで若者たちのいわば「檻」を整備してあげる責任を負わされることに気づくだろう。「檻」とはいえ、それは言い方を変えれば、「安全地帯」でもある。

若者からすれば、大人たちの方が不自由な檻の中に閉じ込められているように見えるかもしれない。それは**単に視点の違いだけであって、動物園の動物から見れば、見学してい**

る人間の方が檻の中にいると思っているのと同じだ。

もちろん、大人がそんなことを意識してやるような賢人でも聖人でもない。結果的にそうなるだけである。かつて若者だった大人が若者時代に「これが自由だ」と思って見ていた世界が、所詮大人たちによって用意されていた囲いのある遊び場であり、その中で遊ばされていたに過ぎないと気づいた時、人間は老いたなと感じるのだ。そして、老人には「老人の檻」が用意されており、そこにみんな収まっていく。

時代やテクノロジーの変化によって、特別な世代が登場するわけではなく、ホモ・サピエンスの登場以来「若者は若者」「老人は老人」というふうに同じように価値観は推移していくだけに過ぎない。

たとえば、ゴルフという趣味はいかにもおじさんの趣味というイメージがある。しかし、おじさんしかゴルフをしていないなら、松山英樹選手や稲見萌寧選手など今世界で活躍している若い世代のゴルファーなど生まれてこない。

そして、ゴルフを楽しむ50代と20代の価値観を調査しても、年代の違いによる差異はあまりない。最近の若者はクルマに興味がないどころか、免許すら持っていないと言われるが、ゴルフ好きの20代はむしろクルマ好きである。ゴルフに行くのに必要だというのもあるだろう。ゴルフ好きの領域では、50代がメルセデス好きなのに対し、20代はテスラ好きという高級志向も変わらない。飲食機会も多く、みんなでわいわいと盛り上がりたいという価値観も一緒だ。20代の調査結果だということを隠したら、昭和のおじさん世代の価値観と間違えるかもしれない。要するに、ゴルフをするような若者は、昔も今も価値観はおっさんと一緒であるということに気づくことが重要なのである。**大事なのは、世代ではなく、趣味嗜好を実施する経済力や人間関係や環境の問題が大きいということである。**

先に趣味嗜好や価値観があるのではなく、それを醸成するのは、本人の経済的環境が第一義なのだ。貧乏な家育ちなら、そもそもゴルフもしないし、するような友人関係も存在しない。食うに困る家の子がヴァイオリンなんて弾こうとも思わない。

世代で価値観などたいして変わらないが、経済環境によって価値観は大きく変わる。逆にいえば、同じ時代に生きていたというそれだけの理由で、多くの人が同じ価値観になるわけがないのだ。今だけではない、これまでもそうだった。

たとえば、新人類世代は個性的と言われた。代表的なのは、西武ライオンズの黄金時代を築いた工藤公康投手や渡辺久信投手だ。当時の監督やコーチらからは「何を考えているのかわからない」とまで言われた。しかし、いくつになってもやんちゃのまま変わらないわけではない。両名とも、年齢を重ねて、大監督となっていることは周知の通りである。また、バブル世代の若者が全員ウェーイではないし、氷河期世代が全員新卒で就職できなかった陰キャではない。よくよく考えれば当たり前の話だ。

こう言うと、世代論教の人から猛烈な批判がくる。

「いやいや、世代によって、時代によって、価値観は変わるのは当然だし、実際、団塊の世代や新人類世代などと今の若者が置かれている生活環境も違うのではないか。あの当時、スマホもなかった。生まれた時からデジタルネイティブなZ世代とそれ以前の世代とで価値観が変わるのは当然だ」と。

なるほど。では、こんな話はいかがだろう。ある会社の新入社員に対する上司の愚痴である。

残業を命じれば断るし、週休2日制は断固守ろうとする
社費留学で海外にやると、帰国したとたん会社をやめてしまう

あるあるな話だろう。最近の新入社員はこんなのばかりだと言いたい現管理職もいるかもしれない。しかし、これは１９８６年の新聞に投書された上司の愚痴なのである。この愚痴られていた当時の新入社員は、今や60歳手前の初老世代である。そのおじさんたちは、自分たちが言われていたのと同じような愚痴を、今の新入社員に言っていることだろう。何も変わらない。

こんなのもある。

昨今の若者は、すべてにわたって消極的で、思い切ったことをしない
最近の男は、口先の達者さだけで物事を処理し、骨の折れそうなことは避ける

現代でも通用しそうだが、これは江戸時代中期に書かれた『葉隠』にある言葉だ。「武士道とは死ぬことと見つけたり」で有名な本である。本当に何も変わらないのだ。

『葉隠』にはこんな言葉もある。

「最近の若い衆は、女のような恰好をしてなよなよしてる」

男性の女性化などと最近言われるが、別に今に始まったことではない。そういう若者はいつの時代にも存在するということだ。

○Z世代マーケティングのまやかし

それでも世代論教の信者はしぶとい。

「お前がどれだけ御託並べようが、Z世代マーケティングは今全世界的に注目されている。お前ごときが違うと言ったところで、笑われるのはお前だけだ。そもそもお前、昭和すぎてZ世代がなんたるか、知らないだけだろ」とか、ほぼ誹謗中傷に近い言葉もツイッター経由で寄せられたこともある。多分、Z世代マーケティングで商売をされている方なのかもしれない。「商売の邪魔をするな」と不快なのだろう。

生憎だが、仕事柄無知なわけではないし、巷で言われている「世代論」（ただし、人によって定義がバラバラで統一されていない、いい加減なものだと個人的には思っている）は少しは存じ上げているつもりだ。「Z世代」についても2021年まで開講していた宣伝会議の講座では、私自身「Z世代についての誤解」についてお話ししている。

私に言わせれば、「Z世代は…」などと訳知り顔で講釈垂れているマーケターは、「Z世代がなんたるか」などはどうでもよくて、ゴールドラッシュの鉱山の前で「この場所が金が出そうですよ」と地図を売る山師と変わらない。地図さえ売れれば後はどうなっても知ったことではない。そういうものであることを認識した方がいいだろう。

せっかくなので、Z世代とは何か？についても説明しておく。

Z世代とは、国によって年齢の定義が若干違うが、日本においてはおおむね1995年から2011年あたりまでに生まれた世代を指す。それぞれ、阪神・淡路大震災と東日本大震災という大きな地震があった年である。彼らは、2010年代から2020年代にかけて社会に出ていく年齢であり、ちょうどバブル世代・団塊ジュニア世代の子ども世代に相当する。

その特性についても、人によって定義がバラバラだが、大体の共通項を簡単にまとめると「デジタルネイティブで、多様な価値観を持ち、環境問題などに対して関心が高く、社会のために役立ちたいと考え、かといって現実的な視点に立って変革への意識が強い」というようなところだろうか。

割と、特徴的にいわれるのが「社会のために役立ちたい」意識というもので、今までの若者が「自分さえよければいい」というものに対して、明らかに違う価値観だというのである。今までの若者がそうだという決めつけも随分バイアスがかかっているものだと思うが、Z世代で商売したい人たちはそうは思わないらしい。

しかし、残念ながら、２０２０年の博報堂生活定点によれば、実際、「社会のために役立ちたい」と考えている20代はせいぜい2割程度なもので、それこそゴルフやヴァイオリンをする子どもと同様「裕福で、生活に困らない、親のおかげでたくさん勉強する時間のあった子」だけの話だろう。裕福じゃない普通の子たちは、そんな地球の環境やCO_2の話より、今日の夕ご飯や連載漫画の続きに興味のある子の方が多い。それは、昭和の子どもたちと何ら変わらない。

「社会のために役立ちたい」意識は、Z世代より年代があがるほど意識が高まり、50～60

代が最大で40%を超える。

いつの時代も、若者は社会のことより、自分の半径3メートル以内の方が大事である。見知らぬ社会で困っている人より、隣にいる友達の困りごとにしか目が届かない。若者はそれでいいのである。むしろ半径3メートル以内の人間に手を差し伸べられない人間が地球なんてものを救えるわけがない。

同時に、大人になる（経験を積む）とは、半径3メートル以内の人間に対して手を差し伸べた経験をもとにその範囲を拡大していくということでもある。

おじさん世代が世代論や若者論を自ら定義し、若者を巻き込もうとするのはある種仕方がない面もある。なぜなら、そもそもは自分たちの安心のために定義したいだけだから。ソクラテスやエジプト文明の頃から、何千年も前から言われている「近頃の若者は…」という言葉が、世代論・若者論に他ならない。いつの時代も、企業で意思決定権を持つ管理職以上のおじさんたちが世代論に納得し、食いつくのはそういう理由である。

しかし、それは人類が始まって以来ずっと継承されてきた「若者像」をコピペしているに過ぎず、世代で分けるという考え方をしている以上、そこに新しい発見などない。

むしろ、20代でも50代でもアイドルオタクの行動や消費はなぜ完全に一致するのか？という方向から見ていくべきだろう。年齢や世代によって価値観が決まるならそんなことは起こりえないはずだ。

現在、未婚人口も増えている。かつて20代でほぼみんなが結婚していた時代には、40代以上の未婚者はごく少数だった。そして今や、40代以上の未婚人口の方が20〜30代の未婚人口を上回っているのだ。かつて子どもがいて当たり前だった40代以上が未婚のままその年齢に達しているわけである。**彼ら中年のアイドルオタクなどは、いわば「金を持った子ども」である。大人買いもするだろう。そう考えると、客単価の高いこっちの塊の方がマーケティング的には大きな市場ではないかと思われる。**

はっきりと数字で示そう。

Z世代対象年齢は、２０２０年時点の国勢調査に当てはめれば、9歳から25歳にあたる。それらの人口総数は１９１６万人である。しかし、9歳の子どもがマーケティングの対象になるかというと違う。せいぜい高校を卒業した18歳以上だと考えれば、その人口規模は９４５万人まで減る。さらに、Z世代的な論法で小難しいことを考えるのは、学歴や教育による違いもあるだろう。厳密には、大都市に住んでいるか否かによっても違いはあるのだが、そこは割愛して、単純に高卒以上（短大・高専・大学以上）の学歴を持っている者をZ世代的な価値観と仮定すると、さらに608万人まで減る。

対して、独身市場規模を見てみよう。20～50代の独身人口は2509万人。これだけでZ世代の全対象年齢を上回るし、今後それが逆転することもない。子どもは急に生まれてこないからだ。

20～30代に限っても1387万人、40～50代でも1122万人もいる。60歳以上の独身人口ももはや1574万人である。独身といっても、若い方と中年と高齢者とでは望まれる市場は違うので、一括りに独身市場とはいえないが、それでも**今後需要の拡大が予想されるのは、「金を持っている子ども」といっていい40～50代独身者たちである。彼らは少なくとも、18歳以上のZ世代より収入が多い分、消費も多い。**つまり客単価が高い人たちである。冷静にファクトを紐解けば、少なくとも商売において「これからはZ世代の時代」なんてことは言えるはずがないのだ。むしろ**Z世代よりソロを狙った方が正解なのである。**

図2-1 Z世代と独身市場の人口規模比較

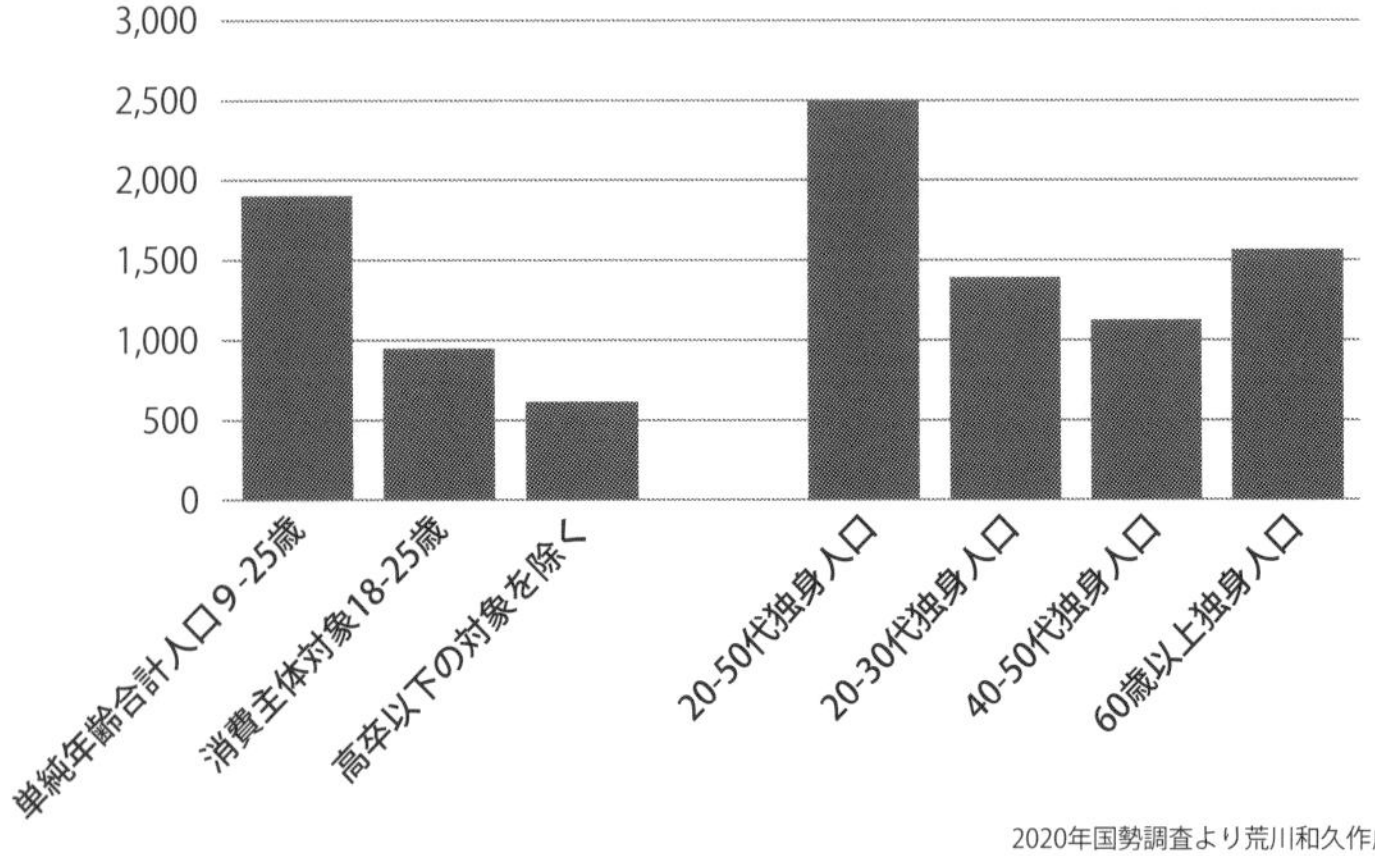

2020年国勢調査より荒川和久作成

時代背景や環境、テクノロジーの進歩により、時代によって意識や行動が変化することは当然のことで世代論そのものは全否定はしない。が、いつまでも世代論に固執して、「イマドキの若者はこうだよね」と無理やりカテゴライズしようとすると見誤る。

余談だが、むしろ2020年からの3年間に亘り、小学生から大学生に至る10代までの子どもたちは、コロナ全体主義ともいっていい数々の行動制限や規範の強制を受けた世代であり、ある意味「コロナ世代」というものを生んだ。子どもの頃の3年は、大人の時間に照らせば何十年にも匹敵するものである。

2022年の夏の甲子園で優勝した宮城の仙台育英高校の須江航監督の言葉「僕たち大人が過ごしてきた高校生活とは全く違う。青春ってすごく密なので。でもそういうことは全部ダメだダメだと言われて…」というものが如実に語っているように、もっとも密で、対面で交流を交わし、いろんなところへ出向いて体験をし、言葉や笑い声を発し、時には泣きながら抱き合うような機会をことごとく奪われたこの「コロナ世代」こそ、**「同じ年齢で同じ環境に強制的にさらされた」という意味で「体験の喪失」世代として考えるべき**だろう。単に、生まれ年代が同じだけという理由で「Z世代」などと括るよりはるかに重要な意味を持っている。

消費は女性が動かすと言われたが本当か？

「消費は女性が動かす」と言われる。これは、男性と比べて女性の方が消費性向が高いことによる。

消費性向とは、実収入から税金等を差し引いた可処分所得に対する消費支出の比で計算されたものである。家計調査で男女別に分かれている単身世帯（勤労者59歳以下）の統計によれば、平均消費性向は男性がおよそ60％であるのに対し、女性は70％くらいで推移している。それだけ所得の中から消費に回す割合が大きいということになる。

単身世帯ではなく、いわゆる2人以上の世帯では、世帯消費という観点でしか統計がないため、それが男性の消費なのか、女性の消費なのかは厳密には不明だが、家族の消費において、大体女性＝主婦が切り盛りするというのが昭和の常識だった。

昭和時代は、第1章でご説明したように、世帯構造でいえば、いわゆる夫婦と子世帯が世帯の大きな構成比を占めていた。お父さんとお母さんと子ども2人という4人家族が標準世帯と呼ばれていた時代である。

その標準世帯が世帯構成的には45％も占めていた。世帯の半分がこの夫婦と子世帯だったわけである。いわゆる核家族というものだが、その家族の日々の消費を担っていたのは主婦だった。

世の中的には、ダイエーなど「主婦の店」と呼ばれたスーパーが隆盛期を迎えた頃である。当時、消費の中心は主婦であったことに異論はないだろう。テレビCMも、お昼の番組提供スポンサーはほぼ主婦向け商品を提供する企業で占められ、広告市場的にも、今では随分と縮小されてしまったが、新聞の折り込みチラシが大きな比重を占めた時代でもある。店舗の出店計画も、その店の徒歩圏内にどれだけの主婦が存在するかで売上計画を立てていた。主婦の数といっても、１９８０年代までは皆婚時代であり、ほぼ世帯数＝主婦数と解釈することができるので簡単だった。

実際、昭和以降も平成年間で注目されたマーケティングのターゲットの流行もほぼ性別と年齢だけで説明が可能である。

昭和の時代は、30代から50代くらいまでの主婦層がメインだった。昭和の終わりから平成にかけての１９８０年代には、20代から30代の働く女性や女子大生という属性が注目された。ここでの働く女性というのはほぼ独身女性を意味する。男女雇用機会均等法が施行されたのは１９８６年であり、それ以降すぐに劇的に変わったわけではないが、少なくともそれ以前までは、平気で「腰掛けＯＬ」という言葉が使われ、結婚したら自動的に退職するものだという意味合いの「寿退社」という言葉もポジティブな意味で使用されていた。むしろ当時は婚期を「クリスマスケーキ」と表現していたくらい、大体の女性は20代半ばで結婚していたのである。

1982年に「CanCam」、1983年に「ViVi」が創刊、これらに先駆けて1978年から月刊誌化していた「JJ」とあわせて、「赤文字系」雑誌として、当時の20代の女性を主要購読者層として、大いに影響力を発揮し、ファッション誌という地位を確立した。

赤文字系とは一線を画す形で、古くから創刊していた「an・an」も、1983年、12月23日号では「クリスマス特集」を組み、「今夜こそ彼の心（ハート）をつかまえる！」と題して、恋人たちのためのクリスマスの過ごし方をストーリー仕立てで紹介したものである。

その内容は、「クリスマスイブは素敵なレストランで過ごして、その後シティホテルで泊まり、ルームサービスで朝食をとりたい」というものだった。

奇しくもその年は、今の、東京ガーデンテラス紀尾井町のある場所に、赤坂プリンスホテル（新館）がオープンした年でもあった。赤プリと呼ばれ、クリスマスにはカップルの聖地となる。12月25日の朝のチェックアウト時間帯は、いろんな意味で地獄絵図のような混み具合だった。

当時でも、赤プリの宿泊料は高額だ。にもかかわらず、どう見ても20代前半と思しき若いカップルが、イブの夜に限っては、宿泊に加え、夜中にシャンパンをルームサービスで頼むという、そんな時代でもあった。

ちなみに、私は、当時大学生で赤プリのルームサービスでバイトをしていた。12月24日は前述の通り、半年前から満室になる混みようだったので、バイトといえどその日に「休みをください」などと言える雰囲気ではなかった。ルームサービスの勤務は17時から翌朝の9時までの勤務形態で、通常であれば、真夜中は何のオーダーもなければ、交代で1時間程度の仮眠をとれる余裕もあった。が、クリスマスイブは仮眠どころか休憩もとれない忙しさである。深夜でもオーダーの電話は鳴りやまず、社員もバイトもフル稼働で客室を往復していた。

「赤文字系」が若い女性ターゲットにファッションを売ったのだとすれば、「an・an」はまだマーケティング業界で名前もなかった「コト消費」を売り物にしたといえるかもしれない。ともあれ、1980年代は雑誌が世の中を動かしていたといえるだろう。

その流れの中で、1990年代に入ると、今度はターゲットがより若くなる。20代のOLや女子大生から女子高生にフォーカスが当たり始めるのだ。1995年に「egg」創刊、1996年には「Cawaii!」が創刊されている。同時期の95~96年には、アムラーブームが起きる。アムラーとは当時大人気歌手だった安室奈美恵のファッションの模倣が高校生たちの中で大流行し、ミニスカート・厚底ブーツ・ロングヘアに茶髪・剃り落とした後に描いたような極端な細眉が特徴だった。「アムラー」と同様、「ルーズソックス」も大流行し、1996年に「新語・流行語大賞」のトップテンにも選出されている。その後、1998年頃のコギャルブームへとつながっていくことになる。

「女子高生が消費を動かす」と言われ、マーケティング業界では普通の学校に通う女子高生たちを集めたグループ・インタビューなどが流行り、女子高生たちの会話を別室でマジックミラー越しに、広告会社やスポンサー企業のおじさんたちが聞いているというシュールな光景が頻出した。ちなみに、そんなグループ・インタビューを通じて生まれたヒット商品などあっただろうか。私の記憶ではひとつとして存在しない。一体あれは何だったのか。

当然「女子高生が消費を動かす」とか「私たち女子高生が主役だ」などと当の女子高生が主張していたわけではない。女子高生どころか、女子ですらない、40歳すぎのおっさんマーケターたちが「次はこれです」などと息巻いて吹聴したに過ぎない。いい迷惑を被ったのは、それを真に受けたクライアント企業であり、当の女子高生たちだったかもしれない。

そして、今「女子高生」が「Z世代」という単語に置き換わった同じ現象が起きているだけである。

さて、そんな「女子高生」流行りに押されがちだったかつての「消費の女王」たる主婦であるが、彼女たちが存在感を失ったわけではない。1995年には、30代主婦層向けファッション雑誌として「VERY」が創刊され、「シロガネーゼ」なる言葉を生み出している。2002年には、さらに年齢層高めの40代の女性をターゲットとして「STORY」が創刊。さらに、2009年には「美STORY」（その後「美ST」）が創刊され、「美魔女」という造語も生み出した。

このように、1980年代から2000年代にかけては、特に女性雑誌が情報発信の中心となって女性ターゲットたちを動かしていたといえるだろう。

ある意味では、雑誌が、今でいう、ツイッターやネット、インスタグラムのような役割を果たしており、それに呼応、追随する形でテレビが番組を作ったりしていた。そのように、雑誌が情報の先駆けだった時代は確かにあった。しかし、**SNSが世の中に浸透するとともに雑誌の影響力は極端に衰えることになる。**

経産省の特定サービス産業動態統計調査の広告費の長期推移表を見ると、雑誌広告が最大の売上高を記録したのは、2000年で約2683億円である。それが、2021年実績ではたったの405億円にまで低下している。なんと85％減であり、これは同期間の比較でいえば、新聞やラジオの減少幅よりも大きい。雑誌媒体のひとり負けなのである。**販売部数の減少もさることながら、広告を出す媒体としての価値がほぼ喪失したと言っても過言ではないだろう。**

雑誌が衰退したことで、そこでの脚光を失ったとはいえ、依然として家族世帯において主婦たちは家計の支配者であることには変わりなく、その証拠に2016年のアニヴェルセル総研調べでも小遣い制の夫は約62％を占めている。

主婦→女子大生→女子高生ときて、次にターゲットとして注目されたのがシニア層である。ご存じの通り、日本は世界一の超高齢社会である。よく高齢化社会という言い方をする人がいるが、高齢化ではない。もうすでに高齢化社会を飛び越えて、超高齢社会に突入しているのである。超高齢社会とは、人口に占める65歳以上の高齢者の比率が21％以上を占める場合で、日本はすでに2007年頃にそれを超えている。

そんな現実を受けて、2010年頃からシニア・マーケティングというのが流行り出した。確かに人口ボリュームからいえば多いことは間違いないのだが、そうはいっても年金暮らしの高齢者がそれほど消費をするわけでもなく、定年退職して退職金を手に入れた裕福層でさえ、将来の不安から貯金をして消費をしない始末。「どうやらシニア層を狙っても全然商売にならなそうだ」とシニア狙いの熱は冷めてしまった。

このようにデモグラ論法でも、その時々に応じて、流行のターゲットというものが出ては消えしているのだが、ここで冷静に振り返ってもらいたい。30〜50代主婦、20〜30代独身女性、女子大生、女子高生、65歳以上のシニア層…。はて、**20〜50代の現役世代の男性層だけぽっかりと抜けているのである。**

メディアが取り上げるのは大体女性の話であって、男性ターゲットが何かのニュースになるというようなことはない。もちろん、世の中には男性向け商品はたくさんあるし、その広告もされている。缶コーヒーなどはその最たるものだったろう。昭和の時代では、自動車の広告は主に男性に向けて作られていた。セダンやクーペタイプの自動車が売れていた頃である。しかし、２０００年以降、市場は家族向けのミニバン流行りとなり、広告の作り方も「家族」中心で、メインの訴求ポイントも主婦向けが多くなっていった。その頃に新車を購入したお父さんの中には「本当はクーペが欲しいのに、奥さんの反対にあ

図2-2

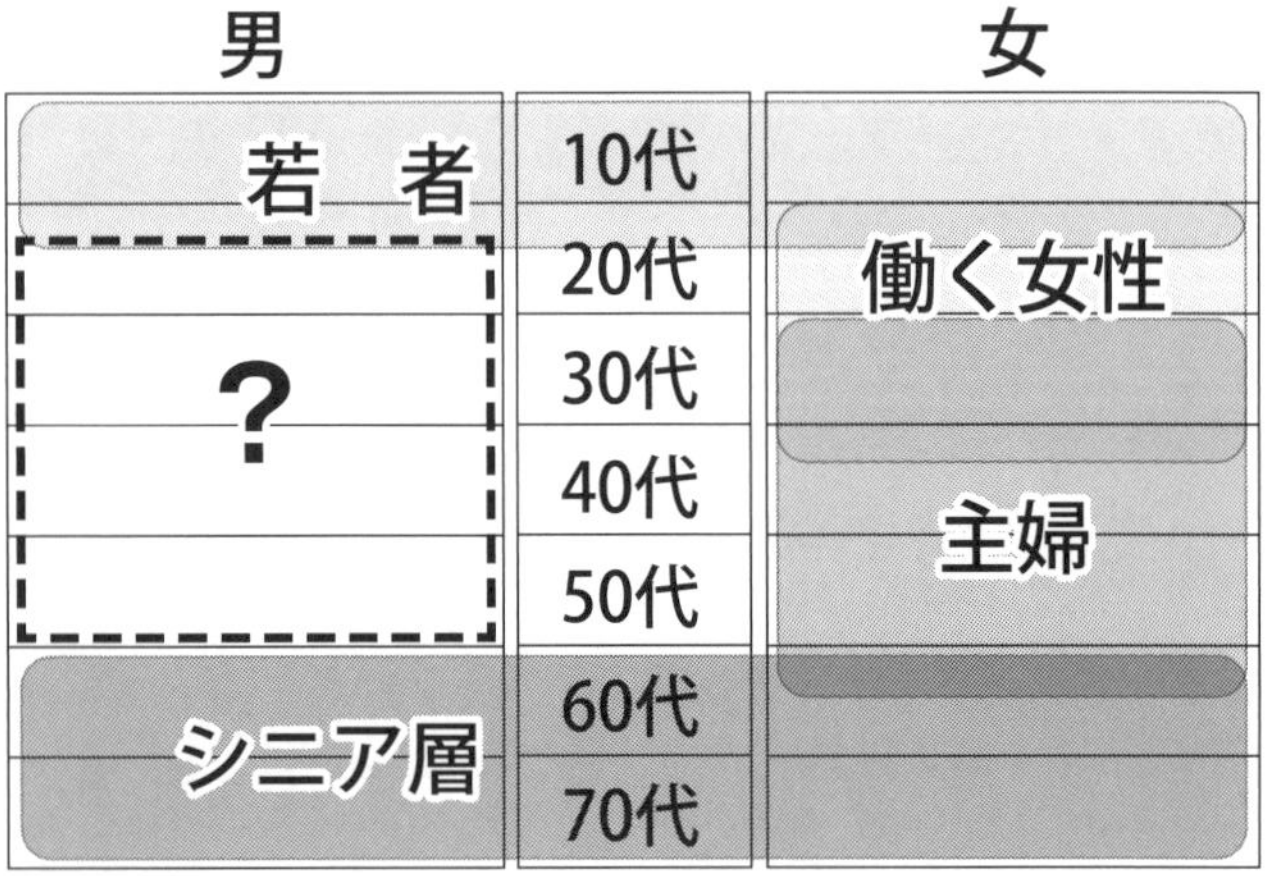

い、結局ミニバンを買う羽目になってしまった」という人も多いのではないだろうか。家電も使用する主婦に決定権がある。世の父親や夫たちは、月３～４万円の小遣い制の中で、やりくりを余儀なくされてきた。

独身人口が増加したことによって「おひとりさま」という言葉が話題になったことがあったが、これも初出は意外に古くて、１９９０年代の終わりぐらいにジャーナリストの岩下久美子さんが「おひとりさま向上委員会」というのを立ち上げた時である。その後、『おひとりさま』（中央公論新社、２００１）という書籍も出し、その後、観月ありさ主演で「おひとりさま」というドラマが放映されたのが２００９年である。

これもまた「女性が一人で居酒屋に行く」「女性が一人で焼肉に行く」などの女性のひとり行動を指す言葉としてメディアは取り上げた。

よくよく考えれば「一人酒」も「一人焼肉」もおじさんたちは女性がやる前からずっと実行してきたものである。じゃなければ、赤ちょうちんなどの飲み屋があれほど盛んになっているはずがないのだ。しかし、おじさんたちが「おひとりさま」行動をどれだけ実施していても、市場に貢献していても、それがニュースになることはなかったのである。

もうひとつ、既婚のおじさんたち以上に、マーケティングから完全に透明化されていたのが独身男性である。

独身なんて狙ったって儲からないという説の嘘

テレビCMで、明らかに独身男性向けに作られているものというのをあまり見かけたことはないだろう。思いつくのはせいぜい缶コーヒーのCMくらいだ。

独身男性がマーケティング上、なぜ蚊帳の外に置かれてきたかというと、前述した通り、独身女性と比べて消費性向が低いという面に加えて、そもそも未婚男性は既婚男性に比べて年収が低いという事実による。

２０１７年時点の就業構造基本調査によれば、全国20〜30代の未婚男性の半分以上の55%は年収３００万円未満である。ちなみに、この調査における年収とは手取りではなく額面である。40〜50代でも41%が３００万円に達していない。**既婚男性と比べれば、明らかに未婚男性は低収入であることがわかる。**


つまり、未婚も含む独身男性というのはそもそも「低年収だから結婚できない」わけで、低年収であるということはすなわち消費力も低いわけで、そんな相手をターゲットにしても儲からないじゃないか、というわけだ。

ある意味では正しい。しかし、かつてのように、未婚率が低く、未婚人口のボリュームが少ない時代はそれでよかっただろうが、**今後ますます独身人口が増えていく中にあって、この層を無視してやっていけるのか？という話になる。**そして、そもそも、大きな勘違いは、確かに既婚男性と比べれば独身男性の収入は低いが、彼らがマーケティングの主役としてみなしていた独身女性と比べれば、**その消費力は決して低いものではないということだ。**

家計調査の単身者調査でも明らかなように、確かに消費性向は独身女性の方が高いが、

図2-3 未婚男性の年収構成比

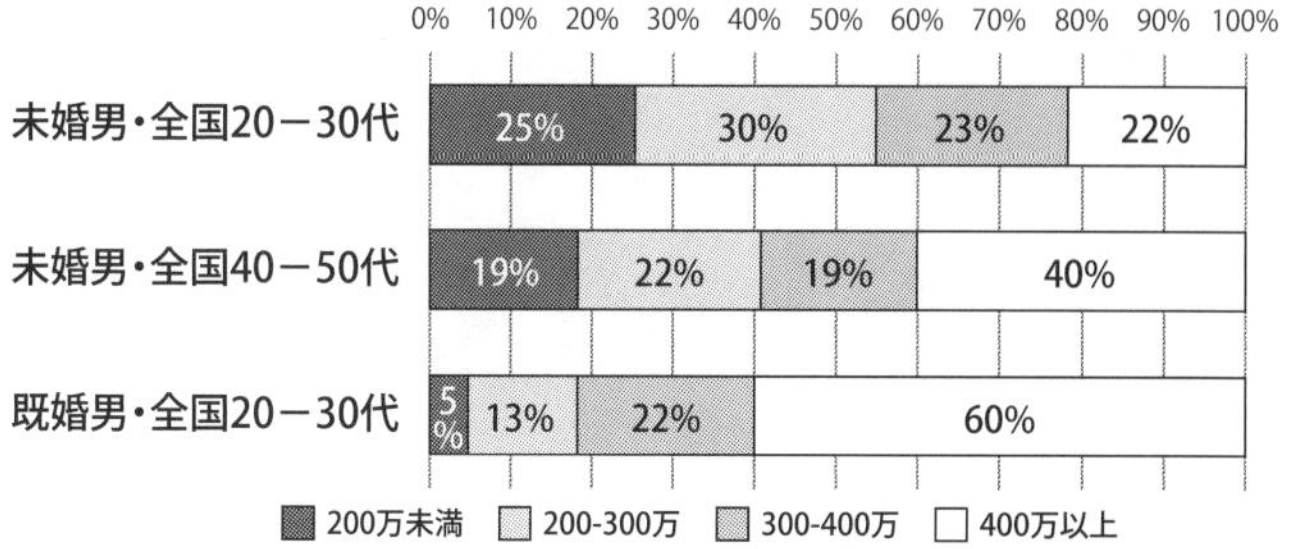

2017年就業構造基本調査より有業者のみt抽出して荒川和久作成。無断転載禁止。

消費実額で見れば、実収入が多い分、34歳までの年齢層であるM1・F1層でも、35歳以上のM2・F2層でも男性の消費金額の方が大きい。特に、コンビニやスーパーなどの主力である食品・飲料・酒関連では圧倒的に独身男性の消費金額が大きい。加えて人口も独身男性の方が多い。むしろ、**独身男女で見れば、独身男性の方こそ優良顧客として見るべき存在なのである。**

また、特に独身男性に対しては「広告は効かない」というデータもあった。かつて匿名掲示板などにおいて「嫌儲主義」と言われたように、独身男性たちは企業側の「売らんかな」の姿勢を極端に嫌う。その魂胆が透けて見えると、ネット上で途端にアンチ化する。当時、匿名掲示板に集うそういった**独身男性たちは「味方につけても何の得にもならない（顧客にはならない）が、敵にすると面倒くさい」存在**として見られていた。そんな天邪鬼で面倒くさい独身男性をターゲット設定して、いろいろ企画しても、それこそ面倒くさいと敬遠されてきた。

しかし、実際のコンビニの店頭などでは確実に独身男性（独身かどうかは店員の主観だが、夜に弁当などを買う男性1人客は確実に独身だろう）の比率が高まっていることは、小売り側の担当はよくわかっている。売り筋から次の在庫が補充されるPOSシステムに従っていれば、独身男性の需要に従った店頭の品揃えがやがて顕在化されていく。コンビニが、最初から独身や単身男性を狙ったというより、結果としてそういう形に変容していったのだろう。

そして、顧客である彼らは受動行動で、訪れた店頭にある商品で間に合わせるようになる。食べたいものを買うというより、そこにあるものの中から食べたいものを選択する。今では、彼らが選択に迷うほどのレンチン1人用パック商品の種類が用意されている。それは、**彼ら独身男性がコンビニにとって無視できない層である以上に、大切な優良顧客に成長していることの証でもある。**

○スーパーとコンビニ売上に見るソロエコノミーの隆盛

世帯の構造の変化は、消費の環境の変化と直結する。昭和時代、標準世帯という4人家族が大部分だった時代には、売る側も4人分をパッケージとして訴求していた。

しかし、家族世帯が減少して、ソロ世帯が増えると、4人セットで売っても需要と合わなくなる。野菜もキャベツまるごと1個や、大根1本という売り方ができていたのは、それが家族4人で食べる前提だからだ。一人暮らしを経験したことがある人はよくわかると思うが、野菜や肉など家族分の量を買っても、結局1回でそれを消費することはない。「後で食べよう」などと冷蔵庫に入れたまま忘却して、腐らせてしまうものである。

世帯構造が変わるということは、売り方も変わらざるを得ないということだ。

次ページの図2－4は、スーパーマーケットとコンビニの売上と、家族世帯（夫婦と子世帯）とソロ世帯数の推移を表したものである。男性の生涯未婚率が初めて5％を突破して上昇し始めるのは1990年以降からだが、当然ながらそれに伴って単身世帯も増えていく。それはコンビニの売上が急上昇する時期と完全に一致する。

図2-4 世帯構造変化とスーパー・コンビニ売上

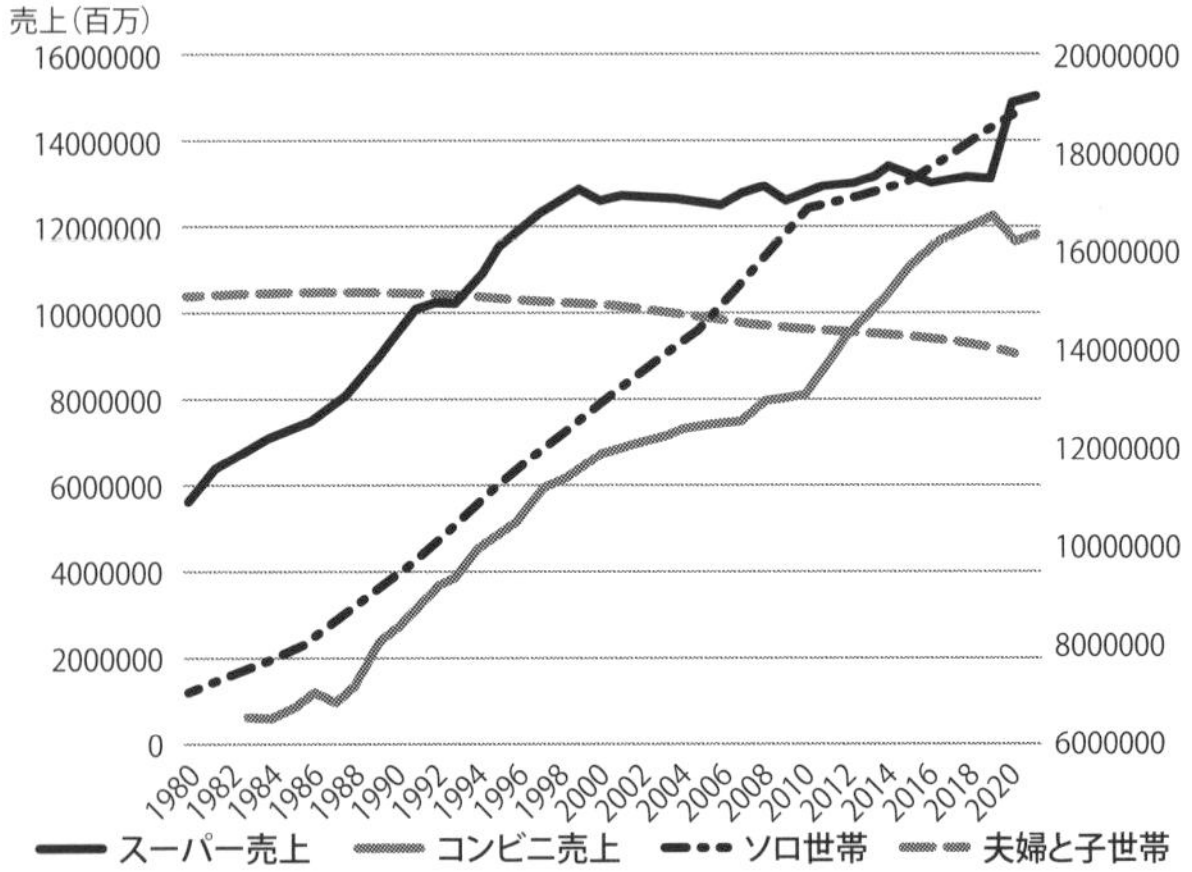

世帯数は国勢調査より、売上は経済産業省「商業統計調査」、コンビニ2008年まではFC統計調査年報より荒川和久作成

それに影響を受けたかのように、1998年頃からスーパーの売上が横ばいになっていく。スーパーの売上が伸び悩んだのと同様に、家族世帯の数はなだらかに下降している。

単身世帯が増えたからこそ、深夜まで開いているコンビニの需要が増し、店舗数も増えたことで売上が上昇したとみて間違いないだろう。コンビニは、始まった頃の1970年代にそういうコンセプトがあったかどうかは別にして、この時期からも完全に一人暮らしの人たちを支える需要として成り立ったわけである。

コンビニのメイン商品群も、かつてはお

弁当やおにぎり、サンドイッチなどそのまま食事として食べられるものが多かったが、今ではかつてお弁当コーナーだった棚が、惣菜コーナーにその面積を奪われている状況である。

惣菜といっても、電子レンジで温めるだけの調理済み食品であるが、サバの味噌煮にしろ、豚の生姜焼きにしろ、焼き鳥にしろ、青椒肉絲にしろ、実に多種多様な商品が、「1人用サイズ」として売られている。しかも、レンジで温めたまま、容器を皿として使用でき、食べ終わればそのまま捨てられる仕様となっている。一人暮らしにとってこれはうれしい仕様なのだ。皿に盛り付けする必要がない上に、洗い物をする手間も省けるからだ。

かつて、アイスだけが売られていた冷凍棚も、今ではパスタやカレーなど温めるだけでOKな冷凍食品が次々と発売されている。コンビニでは、キャベツでさえ、洗わずにそのまま食べられる仕様で千切りされた状態で「1人用・1食用」パックとして売られている。マカロニサラダやポテトサラダのレトルトパックも1人用サイズである。いわずもがな、食後のデザートであるケーキやシュークリームなども1人用サイズで売られている。クリスマスケーキですら、最近はホールケーキではなく、1人用サイズとして売られている。

もちろん、スーパーほど安くはないが、一人暮らしにとって、こんなに便利なことはないだろう。

一人暮らしというと若者だけと思いがちだが、第1章で説明した通り、地方では若者より高齢者の単身者が多い。かつては、家族で暮らしていた人たちだが、子どもたちは都会に流出し、配偶者とは死別して一人暮らしとなった、主に高齢女性が多い。地方だと、必ずしも家の近くに大きなスーパーがあるわけではない。わざわざ遠出して買い物に行く元気のあるうちはいいが、高齢になると何かと億劫になる。近場にコンビニがあれば、そこで買い物を済ませようという気にもなるだろう。

特に、地方在住者にとっては、コンビニが銀行や郵便局のかわりになるし、宅配便を発送したり、受け取りさえもできる。ある意味では、一人暮らしの高齢者にとってのコンシェルジュ的な役割も果たしているといえよう。つまり、**都会の若者だけがコンビニを支えているのではなく、地方においては高齢者がコンビニを支えていることになる。**

グラフの中で、2020年だけ特殊な推移をしている。スーパーの売上が急激に増えてコンビニが減ったが、これはコロナ禍の影響である。在宅勤務やリモート勤務増によって、巣ごもり消費が増えたというのもあるが、それだけではない。一人暮らしの人でもスーパーの開いている時間に行ける環境となったことが大きい。今までは、仕事の行き帰りぐらいしか買い物できないため、深夜ともなれば、開いてる店はコンビニくらいしかなかったわけである。特に、一人暮らしにとって、コロナ禍での飲食店の時短営業は大きな痛手だった。今まで外食で夕食を済ませられたものが、お店は開いていないので、スーパーやコンビニで調達しないといけなくなった。

同時に、スーパー側も売り方の大転換が起きている。今まで家族用サイズで売っていたものを、小分けにして、1人用サイズの売り方に変えた。コロッケにしろ、かき揚げにしろ、天ぷらにしろ、単品で買えるようになっている。コンビニの売り方を真似たわけである。

コロナ以前でも、スーパーの閉店間際には、仕事帰りの中年男性が、割引シールの貼られた惣菜をまとめ買いするというシーンが見られたが、今までコンビニの値段で納得していた層が、スーパーに行けば、実際かなり安く買えるわけで、それに気づいたら、この給料があがらないこのご時世、「次もスーパーで買おう」ということにもなるだろう。

コンビニで買っていたソロ世帯の層がそっくりそのままスーパーに移行したがゆえの、スーパーの特需だったわけである。**言い換えると、独身が動いただけでこれほど如実に売上が変わるということである。**

決して侮れない。当然ながら、人口ボリュームも大きくなっているわけで、コロナ禍という偶然のきっかけによりスーパーの顧客となった独身層を、今後外食業界が以前のように戻った場合でもキープできるかどうかは大きなカギとなるだろう。

○冷凍食品の隆盛

惣菜だけではない。もうひとつ、コロナ禍を契機としてスーパーの売上を押し上げた立役者として冷凍食品の存在は忘れてはならない。

図2－5の通り、一般社団法人日本冷凍食品協会の統計によれば、2011年からの冷凍食品出荷金額の推移を見ると、コロナ禍の始まった2020年に業務用の売上と家庭用の売上とが逆転している。これは、コロナによる飲食店の時短や自粛などで業務用売上が減ったが、その分が家庭用の消費にそっくり流れたことを意味する。

冷凍食品といっても、現在のその種類は昭和時代とは比べものにならないほど種類が豊富だ。そして何より、レンジで温めるだけで食べられる利便性は惣菜と同様だが、総菜に比べて日持ちや買いだめも可能である。1人用に個装されているので余らせる心配もない。

図2-5 冷凍食品出荷金額推移

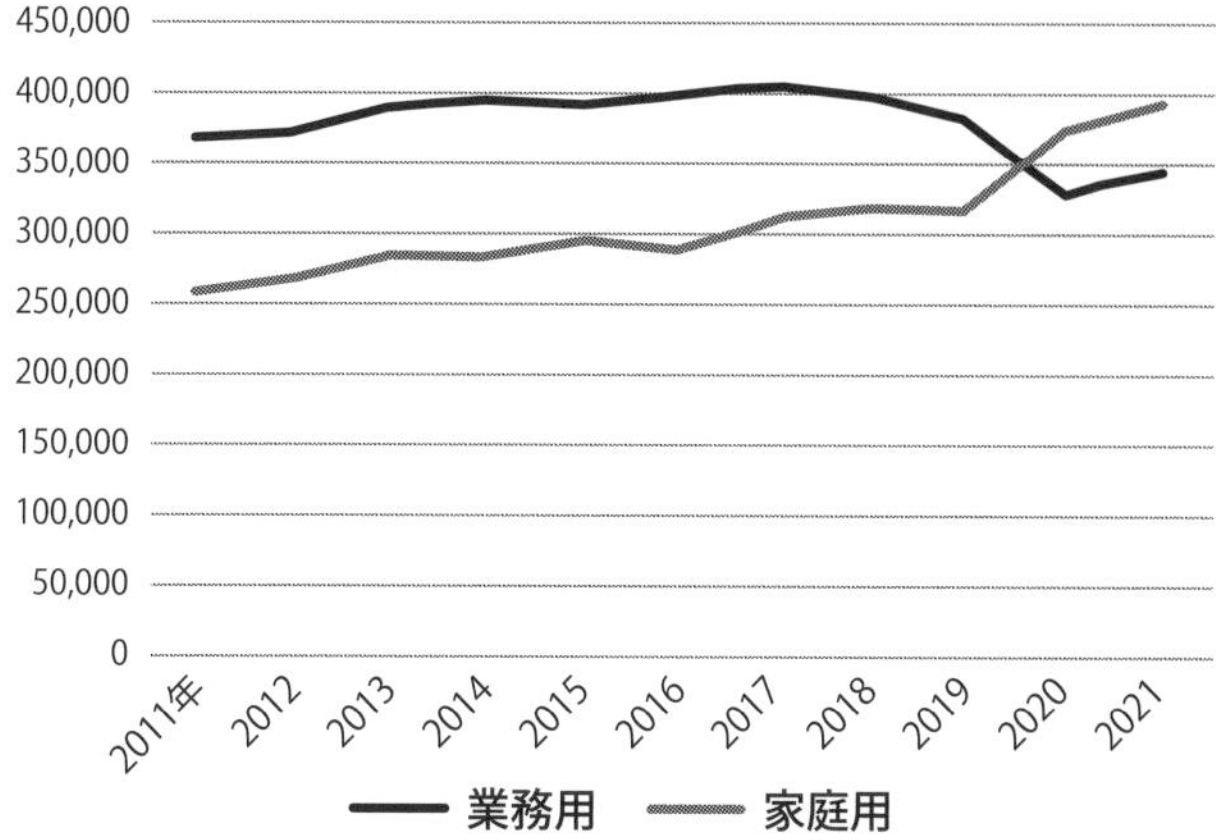

一般社団法人日本冷凍食品協会統計より、2021年は速報値にて

スーパーだけではなく、コンビニでも最近の冷凍食品の品揃えは充実している。スーパーと違い、一人暮らしがそのままレンチンして皿に盛り付けせずに食べられるパッケージにしている点も重要である。

「そうはいっても、惣菜ならわかるが、冷凍食品を買っているのは主婦だろう」と思うかもしれないが、前述した日本冷凍食品協会による2022年「〝冷凍食品の利用状況〟実態調査」によれば、冷凍食品の週当たり利用頻度は全体で平均1・8回なのに対して、25~34歳男性で2・1回、同年代女性で2・2回と若い層の利用頻度の方が多い。年代的にも、この層には男女とも独身が多いと推測される。

もちろん、主婦や家族の利用も多いだろう。特に、共働き世帯など時間を節約するために冷凍食品で済ませたいというニーズはあるし、子あり世帯では、子どものお弁当用に購入するパターンもある。しかし、既存の家族だけでこれだけの売上の急上昇にはならないはずだ。

何より、冷凍食品を選択した理由がおもしろい。男女とも8割以上が「調理が簡単で便利」という利便性をあげているが、「おいしいと思う商品が増えたから」という理由をあげているのが、女性39・5％に対し男性51・2％と過半数を超えるのだ。ここにも**食に対する男性の欲求の強さがわかる。**

そして、それもそのはずで、昨今の冷凍食品においては、急速冷凍装置を使ったものも多く、これを使用すると、通常の冷凍より食品を速く冷凍させることで旨味をとじこめて品質を保つことができるらしい。機械自体が高価なため、今まで大きな企業の業務用としてしか使用できなかったものだが、近年それがコンパクト化、安価になったことで、実は冷凍食品の裾野が広がることにもなっている。

少人数で運営している小さな隠れた名店といわれる飲食店は全国に多々あるが、たとえばその店が九州にある場合、今まではわざわざ出かけなければならなかった。それはそれでひとつの醍醐味なのだが、それでは客にとっても不便だし、店にとっても売上の拡大ができない。

この急速冷凍技術は調理したものも瞬時に味そのままに冷凍することができるので、いわば九州でしか食べられなかったできたての味を宅配することが可能にもなる。

実際、そうした形での急速冷凍食品のＥＣでの市場も活性化している。

中には三ツ星レストランのフルコースを自宅で楽しめるものもあるらしい。もちろん、そうした高級冷凍グルメはそれなりのお値段がするのだが、よくよく考えれば、交通費をかけていくよりは割安である。何より、「これが冷凍食品？」と思うほどの美味しさだというから、まそに「孤独のグルメ」の独身者にとっては文字通り垂涎《すいぜん》ものだろう。

冷凍食品だからといって、決して便利で安価なものだけではない。こうした技術の進歩により、より美味しいものをより手軽に自宅にいながら、まるで外食しているかのような体験ができる、いわば「自宅外食」行動が生まれたともいえるだろう。

○「ガチソロ」「カゲソロ」「エセソロ」「ノンソロ」

独身といっても、未婚者もいれば、離別して独身に戻った婚歴ありの独身もいる。配偶者と死別してしまった独身もいるだろう。一人暮らしをしている独身もいれば、親元に住み続ける独身もいる。友人と共同生活する者もいる。それぞれ生活する環境が異なる独身者を一括りにはできない。

そして、それぞれの配偶関係などの環境を整える重要な因子に「ソロ度」という価値観がある。**ソロ度とは、簡単に言えば「誰かと一緒にいるより、一人でいる方が心地よい」「一人で行動ができる」「一人が苦痛ではない」などの価値観のことである。**いくつかの「ソロ志向・ソロ耐性」についての質問により算出している。

私は、独身研究を始めてかれこれ9年になるが、延べ15万人以上の男女の未既婚者を調査してきた。そこで明らかになったことは、未婚の独身であっても、ソロ度と現在の配偶関係によって、実はその価値観も行動特性も大きく異なることである。

図2-6 ソロ属性4象限

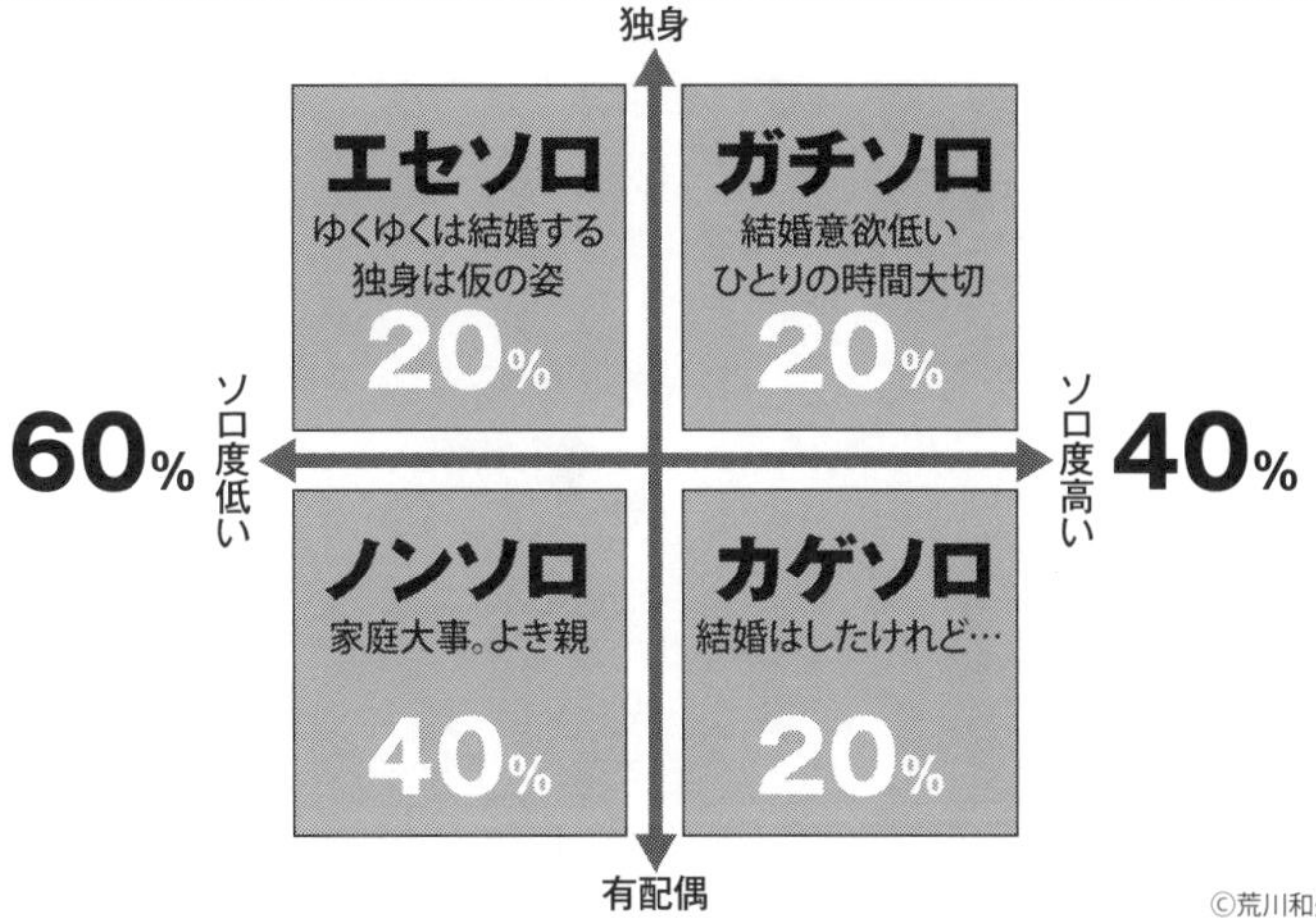

©荒川和久

もちろん、ソロ度が高いからといって、その全員が結婚できないというものではない。**ソロ度が高くても結婚する人もいるし、逆に、ソロ度が低いのに生涯独身もいる。**

興味深かったのは、ソロ度の構成比は、既婚者のソロ度は独身と比べて若干下がるが、独身者に限ると、年代によって多少のバラつきはあるものの、男女で違いはない点だ。いずれも約半分がソロ度の高い人間なのである。

ソロ度と配偶関係とを4象限にしたものが図2－6である。わかりやすくするために、構成比の数字は丸めている。

上下が配偶関係の割合だが、有配偶率は大体6割である（2015年時点で、20～

50代の現役世代の有配偶率は男54%、女61%）。

まず、図の左半分。ソロ度の低い人たちは全体で6割いる。その中の左下部分、既婚者で「家庭を大事にする。よき親」である「ノンソロ」がもっとも構成比が高く、全体の4割を占める。

ソロ度の低い独身の「エセソロ」とは、今は独身だが、結婚意欲も高く、将来「ノンソロ」へと移行する「いずれ結婚する層」である。

とはいえ、現状は「結婚したいのに金がなくてできないエセソロ男」「結婚したいのに適当な相手がいなくて結婚できないエセソロ女」という、いわば「不本意ソロ」が増えていることは確かだ。

次に、図の右半分のソロ度の高い人を見てみよう。

右上、未婚で結婚意欲も低く、ソロ度の高い人は「ガチソロ」という。こちらも全体では2割ほどいる。負け惜しみでも何でもなく「結婚に興味のない層」である。

右下は、既婚者ではあるもののソロ度の高いまま、何らかの事情やきっかけによって結婚した人たち。これも全体の2割いて、「カゲソロ」と命名した。

そして、残念なことに、「カゲソロ」は、結婚しても離婚しやすく、「ガチソロ」に戻る可能性が高い層である。特に、何度も離婚と再婚を繰り返す男性のことを、私は「時間差一夫多妻男」と定義しているが、それはまさにここに当てはまる。

6割の既婚者のうち2割も「カゲソロ」がいるのか、と思われるかもしれないが、よくよく考えれば、3組に1組が離婚する現在の日本。その離婚はこれらの層によって成立していると思えば、数字のつじつまは合う。

「カゲソロ」夫の特徴とはどんなものだろう。

結婚しても夜遊びをやめない夫、独身時代から続けている趣味を頑なに継続している夫など、言われてみればみなさんの周りにも思い当たる人がいるのではないだろうか。既婚者でありながら、婚活アプリに登録して、遊びまわっているのもこの層である。さらに言うなら、カゲソロの割合は既婚者の浮気率とも合致する。

特に、**「カゲソロ」夫の特徴は、基本的に財布の紐を妻に渡さず自分で握っている点**である。本当の所得すら妻に内緒にしている場合もある。月3万円のお小遣いで汲々としている「ノンソロ」夫とはそこが大きな違いである。

ちなみに、小遣い制の夫は約62％であることはすでに述べたが、奇しくも「ノンソロ」と「カゲソロ」の割合もほぼイコールである。

「カゲソロ」が「カゲソロじゃなくなる」時はあるのだろうか。

基本、ソロ度の軸を超えて移行する例はあまりないが、例外もある。結婚した「ガチソロ」が、結婚後も「カゲソロ」として活動していたものの、子どもが生まれた瞬間から「ノンソロ」に価値観含めて華麗に変身を遂げるパターンだ。特に、40歳を過ぎて子が生まれたカゲソロにその傾向が強く見られる。

「娘が生まれて何もかも変わりました。結婚してしばらくは、悪友たちと夜遊びを続けていましたけど、今では完全に家族中心、というか娘中心の生活ですよ。他のものに興味がなくなりましたから（42歳）」

とは、独身時代「ガチソロ」だった男性の言葉である。

独身だけが「ソロ活」をするのではない

「ソロ活」というと独身が一人で行動するのをイメージしがちであるが、実は決してそうではない。78ページのソロ属性4象限というものを再度見直していただきたい。既婚者であっても、ソロ度の高い「カゲソロ」が全体の2割存在する。ざっくりわかりやすく言うと、「ソロ度が高い＝一人で行動できる人」、「ソロ度が低い＝一人で行動するのは寂しい、グループで行動したい人」を意味する。

既婚者でもソロ活が好きな「カゲソロ」もいれば、独身であっても「みんなと行動したい」というソロ度が低い「エセソロ」もいるのである。「エセソロ」は、これまで機会に恵まれずに（あるいは何らかの理由で）独身であるが、いずれは結婚したいと考えている人たちである。

ちなみに、ソロ度が高く、かつ、独身者である「ガチソロ」は、結婚への意欲も低く、結婚に対しては後ろ向きな部類になる。そもそも、結婚に対して後ろ向きな18～34歳までの独身は男6割、女5割もいるという出生動向基本調査の結果はなぜかマスコミが報じない。

これまでビジネスで「ソロ市場」を論じる時、これら「ガチソロ」と「エセソロ」の独身者合計40％だけをターゲットとするケースが多かった。

しかし、**既婚の中にもソロ度が高い「カゲソロ」という人たちもいて、彼ら、彼女らは、**

図2-7 ソロ属性4象限と市場について

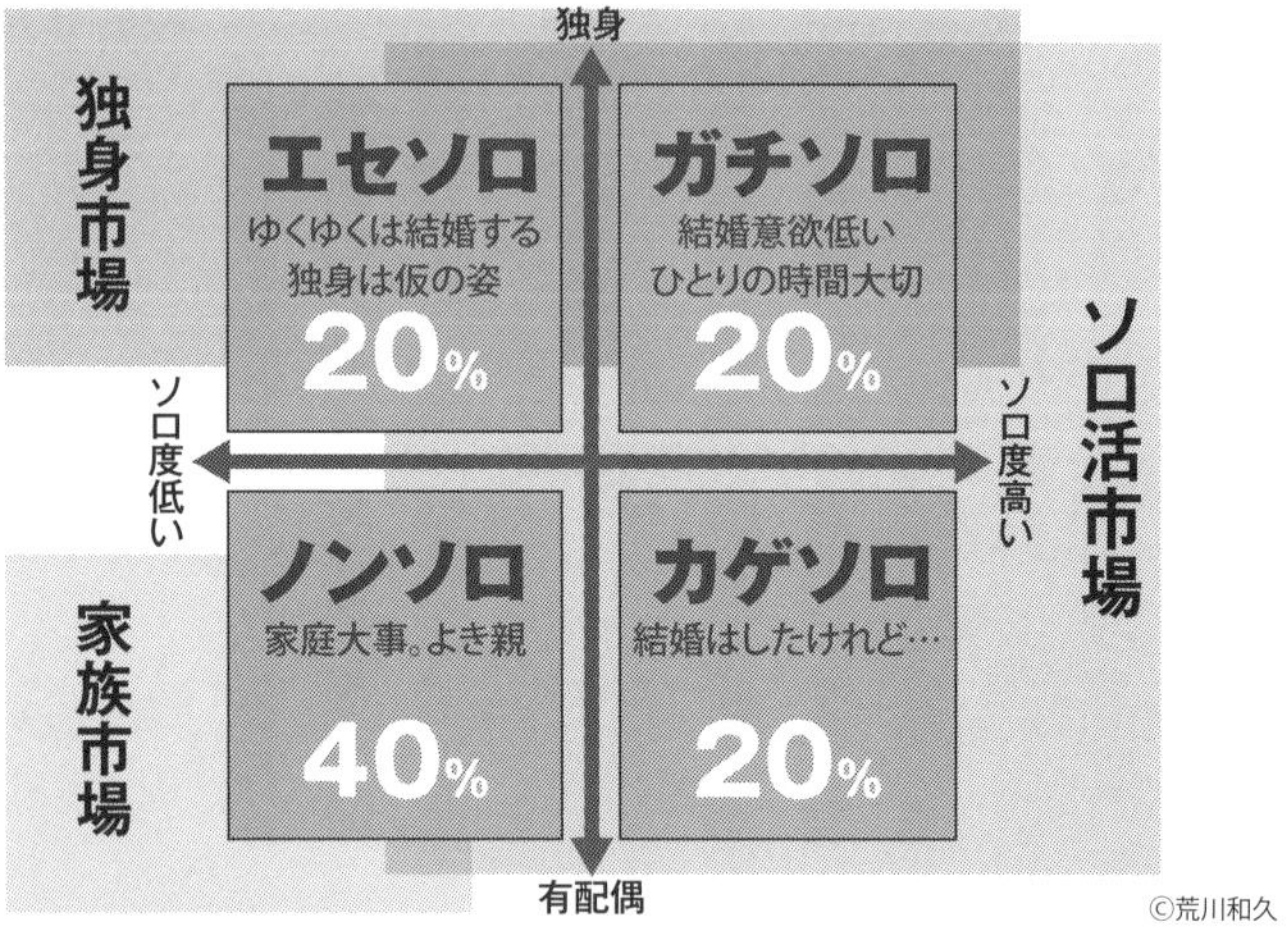

結婚して家庭を持っていても、一人でお酒を飲みに行ったり、遊びに行くことを好む。

ソロ市場の対象には、こういう人たちも含まれると私は考えている。**特に、レジャーやサービスの分野では、「ガチソロ」「エセソロ」に「カゲソロ」を加えた60%を、「ソロ市場ターゲット」として考えるべきだろう。**

そこには、ソロ市場に対する新たな可能性が隠れている。それは「パートタイムソロ活」という考え方である。

旅行を例にとって説明する。従来のパック旅行では、たとえば夫婦で参加したら同じ旅館に宿泊し、決められた同じ観光スポットを2人で一緒に巡るパターンがほとんどである。それに対して「パートタイムソロ」の考え方では、すべてを一緒に行動するのではなく、妻は話題の最新スポットを巡り、夫は古刹《こさつ》巡りというようにそれぞれが「ソロ」で行動し、昼食や宿泊は共通で楽しむというやり方である。

もちろんお互いの興味が一致する場所は一緒に巡ればいいが、必ず2人一緒にすべての行動をともにする必要はないのだ。つまり、従来までの「フルタイムのグループ活動」か「フルタイムのソロ活動」の二者択一ではなく、3つめの行動、それが「パートタイムソロ活」という考え方である。

誰の中にも「一人でいたい」「一人になりたい」という気持ちはある。ない人なんていない。**別に誰かと一緒が苦というわけではないが、一人の時間が全然ないとストレスになることは、今回のコロナ禍で多くの人が実感したことだろう。**

コロナ禍で在宅勤務となった家族の方の中には、「いつも家族と一緒でうれしい」「通勤の満員電車に乗らなくていいから楽だ」などと最初は思ったかもしれないが、それが長く続いたことで原因不明のストレスを抱えた人は多いはずだ。

実は、通勤の時間は、周りにたくさん人がいても「一人になれる貴重な時間」だった。

スマホや読書やひとり物思いにふける人もいただろう。1日の中で往復1〜2時間の通勤は、そうした「一人になる」ことで心をリセットする大事な時間だったともいえる。

独身や既婚という状態に関わらず、男女も関係なく、人間を集団派と個人派に区分けするものでもなく、**時と場合により、誰もがソロ活を求める気持ちはある。ソロ活市場というのは、そうしたニーズが潜在的にあるのだということである。**

○年齢とともに変化するソロ度割合

そもそも人はそれぞれ性質がある。外向的か内向的かという大きな区分けでも大体半々に分かれるという。しかし、だからといって内向的な人間が人との関わりのある社会生活が送れないということではない。

「ソロ度」も同様で、実際に結婚するかどうかとは別に「誰かと一緒がいい」か「一人の方が気楽」かというのは人によって異なる。つまり、結婚したとしても「一人の方が好き」という人間もいるし、時と場合によって両面性を使い分けている。

ソロ度の高い割合はざっくり4割となる。これは、20〜50代の男女未既婚合算した合計の割合をわかりやすく丸めたものである。しかし、価値観というものは、一生変わらないものではない。環境や人間関係、経済状況などによって都度変わっていくものであり、当然男女や配偶関係や年代によってもソロ度は変わる。

たとえば、結婚しても遊びまわっていた夫でも、いざ子どもが産まれた途端に「家庭が大事」というマイホームパパに転身する場合などがある。本人自身の価値観が変わるというミクロ面での変化もあるが、統計上、ソロ度が低い者から順に結婚していき、ソロ度の高い者は年代を重ねても独身のままであったりするため、結果年代別の構成比が影響を受けるという面もある。

ソロ度の男女年代未既婚別の分布の違い（次ページ図2－8）を見ると、まず、独身の場合、男女ともにきれいに年代があがるごとに高まっている。

興味深いのは、20～30代の時点では「男＞女」であるのに対し、40代を過ぎると男女逆転する点だ。**独身の場合、40歳を過ぎると、女性の方が「一人で生きていく」という覚悟が早くできる**のかもしれない。

一方、有配偶の場合は当然ながら独身よりはソロ度が低いのだが、さりとて独身と比較して極端に低いわけではなく、各年代を通じて3～4割存在している。

図2-8 年代別ソロ度高い割合

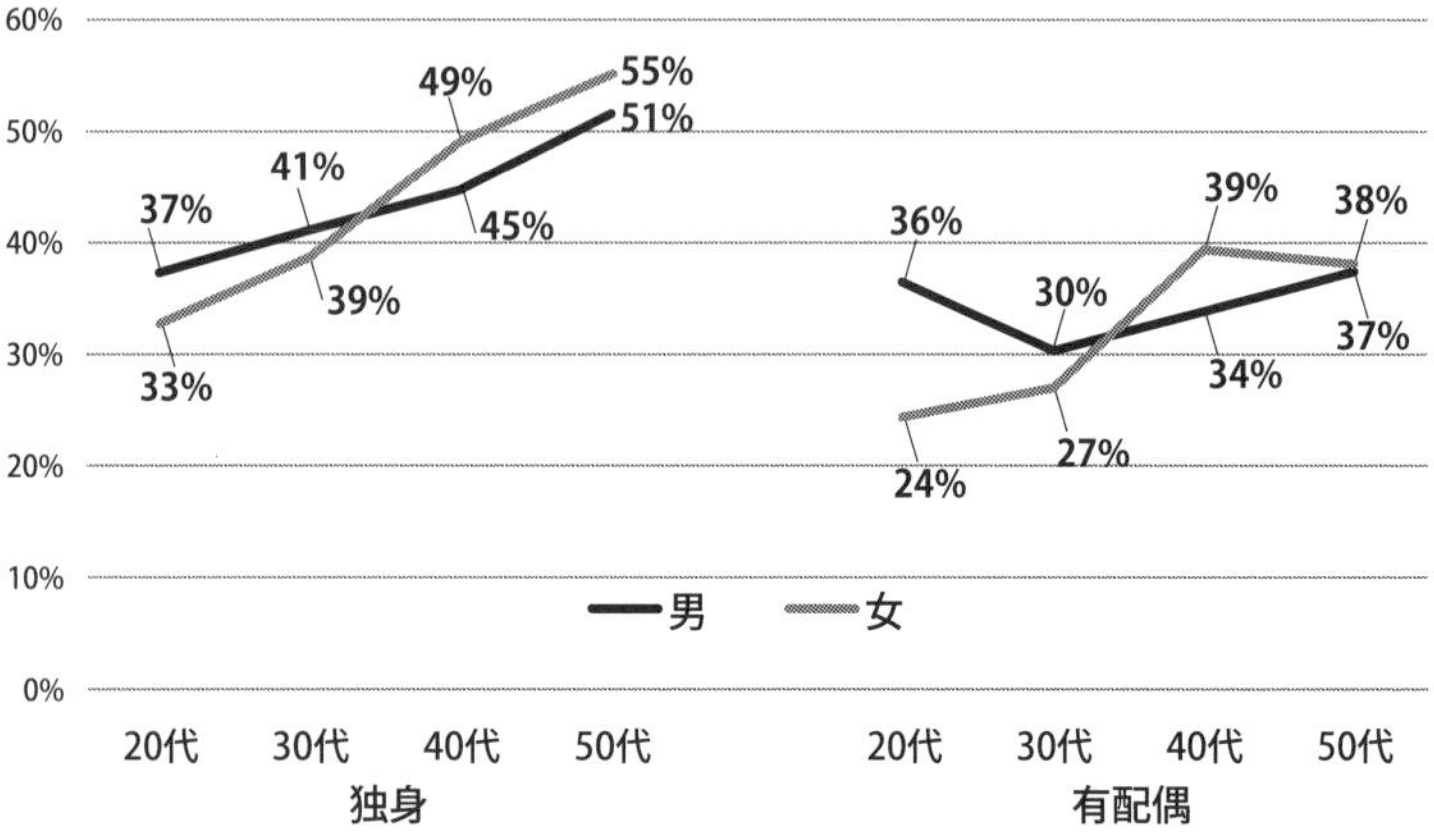

2020年一都三県20-50代未既婚男女調査（n15644）より荒川和久作成。無断転載禁止。

特に、20代の有配偶男性のソロ度は独身男性とほぼ変わらず、20代での結婚の可否にソロ度はあまり関係ないようである。むしろ、3組に1組が離婚する現状を考えれば、「結婚に向いてないくせに勢いで結婚してしまったカゲソロ」も多いのだろう。30代で低くなるのも子どもの誕生が影響している可能性がある。

ソロ度の違いはそれぞれの行動の違いを生む。誰かと一緒じゃないと嫌な人間は、ランチの際にも誰かを誘って行くだろう。旅行も連れだって行く。一人が好きな人間と大勢で楽しみたい人間とでは、その実施する趣味やレジャーも変わるだろう。そう考えると、**マーケティング上も、このソロ**

度の違いを考慮した方がいい。

そして、ソロ度とは単純に結婚の有無だけで決まるものではない。独身だから独身市場というふうに割り切れるものでもない。逆に、同じ独身でも将来結婚するような「エセソロ」の行動は「ガチソロ」とは違う場合も多い。**ソロ度の違いによって市場規模を考えるという新しい視点は重要だろうと私は思っている。**

○家族市場規模を凌駕するソロ活市場

単純に、人口規模だけでいえば、2040年には独身が人口（15歳以上）の半分を占めるのは間違いない。単身世帯は4割に達することも確実である。かつて標準世帯と呼ばれた夫婦と子世帯は2割程度まで減少する。ソロ・エコノミー時代が到来することは必至である。

しかし、単純にそれを独身者市場と見てしまうと見誤る。有配偶や家族という状態での「家族市場」と、独身であるという状態に依拠する「独身市場」の2つだけではなく、ソロ度に起因する「ソロ活市場」というボリュームも無視できなくなる。

図2-9 ソロ度4象限による市場規模試算

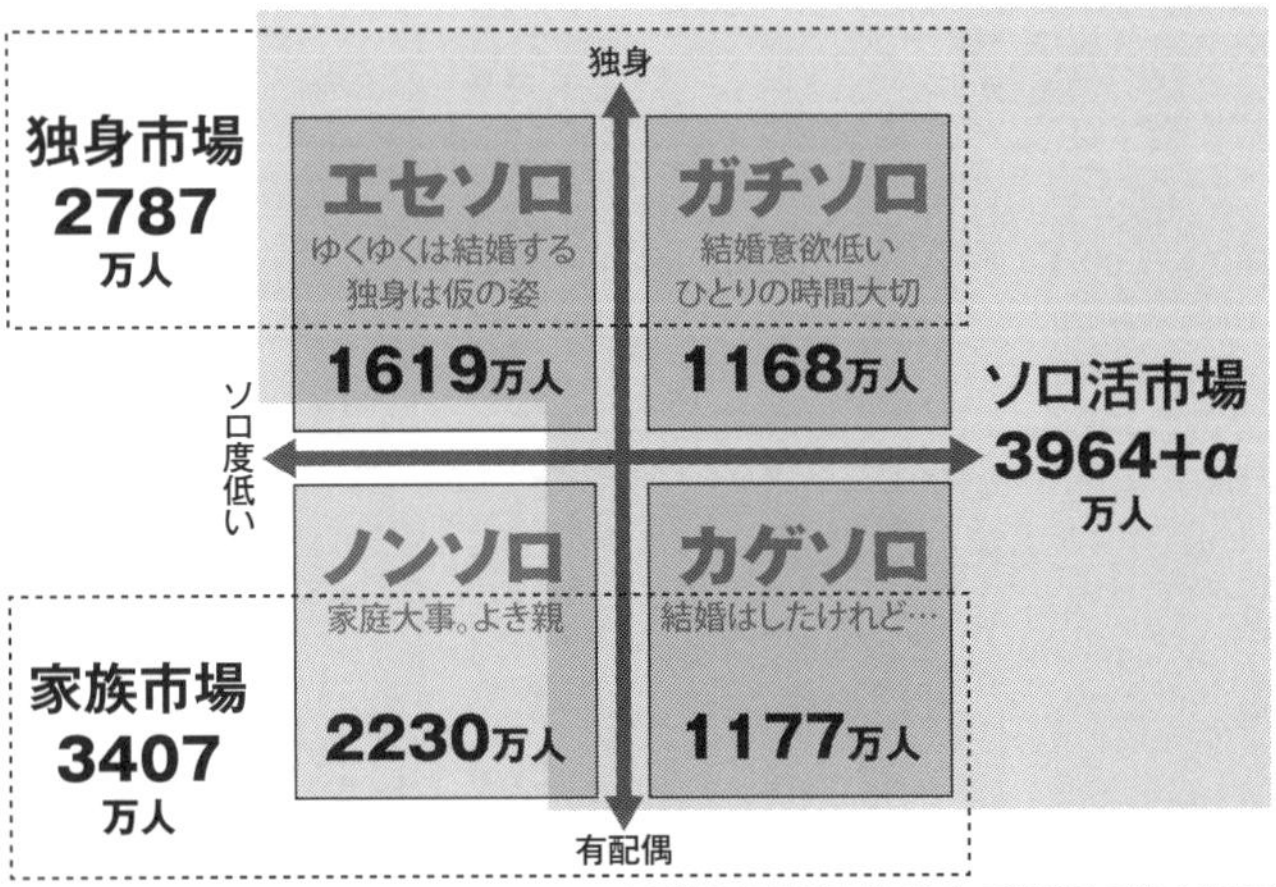

2020年国勢調査不詳補完値に基づいて荒川和久試算。無断転載禁止

ソロ度の割合から、２０２０年の国勢調査（配偶関係不詳補完値）に基づき、それぞれの市場人口規模を計算したものが図２－９である。あくまで20～50代までの現役世代であり、15～19歳及び60歳以上は含んでいない。

昭和時代から通じて市場を牽引してきたのは紛れもなく「家族市場」だったが、**今後は、増える独身人口とともに、既婚者であってもたまにはソロ活をしたいという需要に対応した「ソロ活市場」の重要性は高まる。**

事実、ソロ度から推計されるソロ活市場規模は家族市場規模を凌駕する。「＋α」

としている分は「ノンソロ」の中には、たとえ不本意ではあってもソロ活消費は発生するだろうと思うからである。２０２０年時点でこの規模だから、２０４０年はもっと大きくなる。

繰り返すが、今まで、男女年代別というデモグラ属性や、世代論マーケティングが通用したのは、誰もが同じ年齢帯で結婚し、子を持つという金太郎飴人生を過ごしたからである。**50代になっても3割の男性が生涯未婚の時代になれば、そうした年代で区切る意味は薄れる。女性も生涯未婚は2割になる。多くが家庭で専業主婦をする時代と異なり、自分の稼ぎで消費を謳歌するパターンも増える。**

望むと望まないとにかかわらず「消費の個人化」は進む。実際、もうスーパーやコンビニ、旅行業界などでは顕在化しつつあるが、こうした**消費の個人化に対応した適応戦略が必要になる。**

第3章

市場が変わる

○外食産業を支えているのは独身者

一時期、職場でも学校でもランチを一人で食べている人に対して「一人で飯を食うなんて寂しいやつだ。友達もいないんだな。可哀想に」とディスる風潮があった。それが嫌で、みんなの目に触れないところでコソコソ食事をとるために「便所飯」などという言葉が言われたこともある。実際に、トイレで一人で飯を食べていた例がそれほどあったとは思わないが、「一人でメシを食う」ことは、いじめや侮蔑《ぶべつ》の対象となった事実はある。「孤食」などという揶揄言葉もある。

幸か不幸か、コロナ禍によって集団で食事をするという行動がはばかられ、飲み会も制限されたことで、そういった同調圧力は消えたのだが、**そもそも、一人で食事をするというソロ飯割合は、コロナ以前から多い**。

コロナ禍がまだ顕在化する前の2020年3月上旬に調査した結果から、20～50代未既婚男女における、食事のソロ飯率を見てみよう。1週間当たり何回1人で食事をするか（昼食と夕食のみ）の質問でソロ飯率を割り出したものである。

図3-1 配偶関係・世帯構造別ソロ飯率

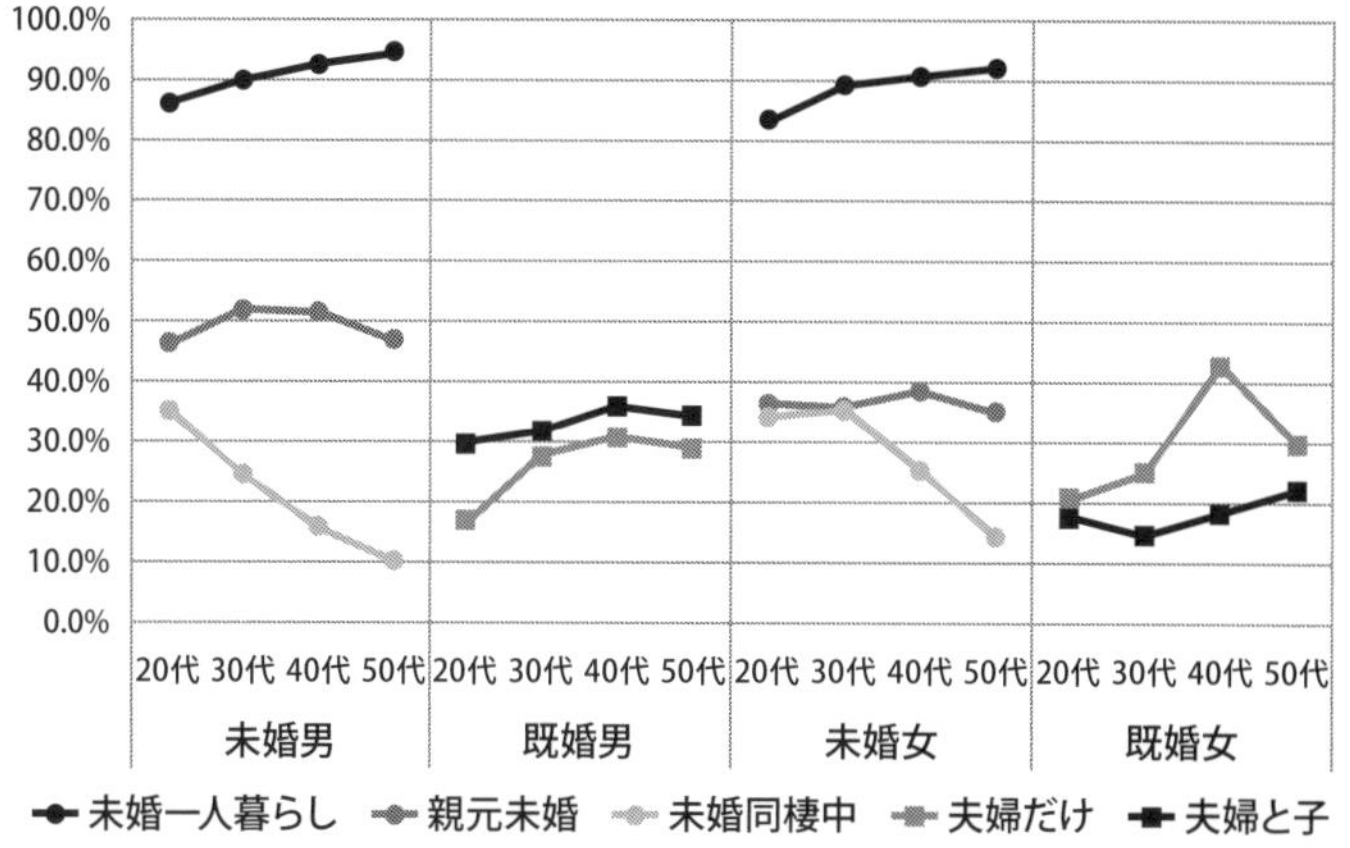

2020年一都三県20-50代未既婚男女（n15644）より「1週間あたりの昼夕後のソロ飯率」から荒川和久作成。

単に未婚と既婚と分けるだけではなく、未婚でも一人暮らしの単身者と家族と住む親元未婚、それに、同棲中のカップルもいるだろう。既婚者にしても、夫婦だけの場合や子どもと同居の場合など世帯構造によりソロ飯頻度は異なると思われる。よってそれぞれを細かく分類した上で調査分析したものである。

未婚男女の一人暮らしのソロ飯率は平均9割である。むしろ、ソロ飯こそが彼らの日常であるといえる。親元に住む未婚は男で5割、女で4割程度であった。

一方、夫婦のみ世帯や夫婦と子世帯の既婚男女のソロ飯率がそれより圧倒的に低いのかと思いきや、実はそうでもなく、子がいる夫婦の場合のソロ飯率は、妻が20％程度なのに対し、夫は40％と親元未婚者とあまり変わらない。子のない夫婦の場合に至っては、夫より妻の方がソロ飯率が高い。むしろ、同棲中の若い未婚カップルの方が家族並みにソロ飯率は低い。

家族や子、恋人の有無によって全体のソロ飯率は変わるが、さりとて、**「一人でメシを食ってる奴は…」などと言われるほどマイノリティでも異質でもないのである。**でなければ、牛丼屋、ラーメン屋、立ち食いソバ屋などメイン顧客がソロ客であるソロ外食業態が、あれほどの店舗数に増えるわけがない。

○外食産業を支えてきた「おひとりさま」

ご存じない方が多いのだが、**外食産業を支えてきたのは、独身者たちの「ソロ外食」行動である。**「所詮、おひとりさまの客なんて数も少ないし、客単価だって低い。全体からすれば小さい話であって、たいして役に立っていない」と何のエビデンスもなく、個人の思い込みだけで切り捨てる人がいるが、それはとんでもない間違いである。

コロナ以前、２００７～２０１９年までの家計調査における単身勤労者世帯と家族世帯

図3-2 ソロと家族の月間外食費推移比較

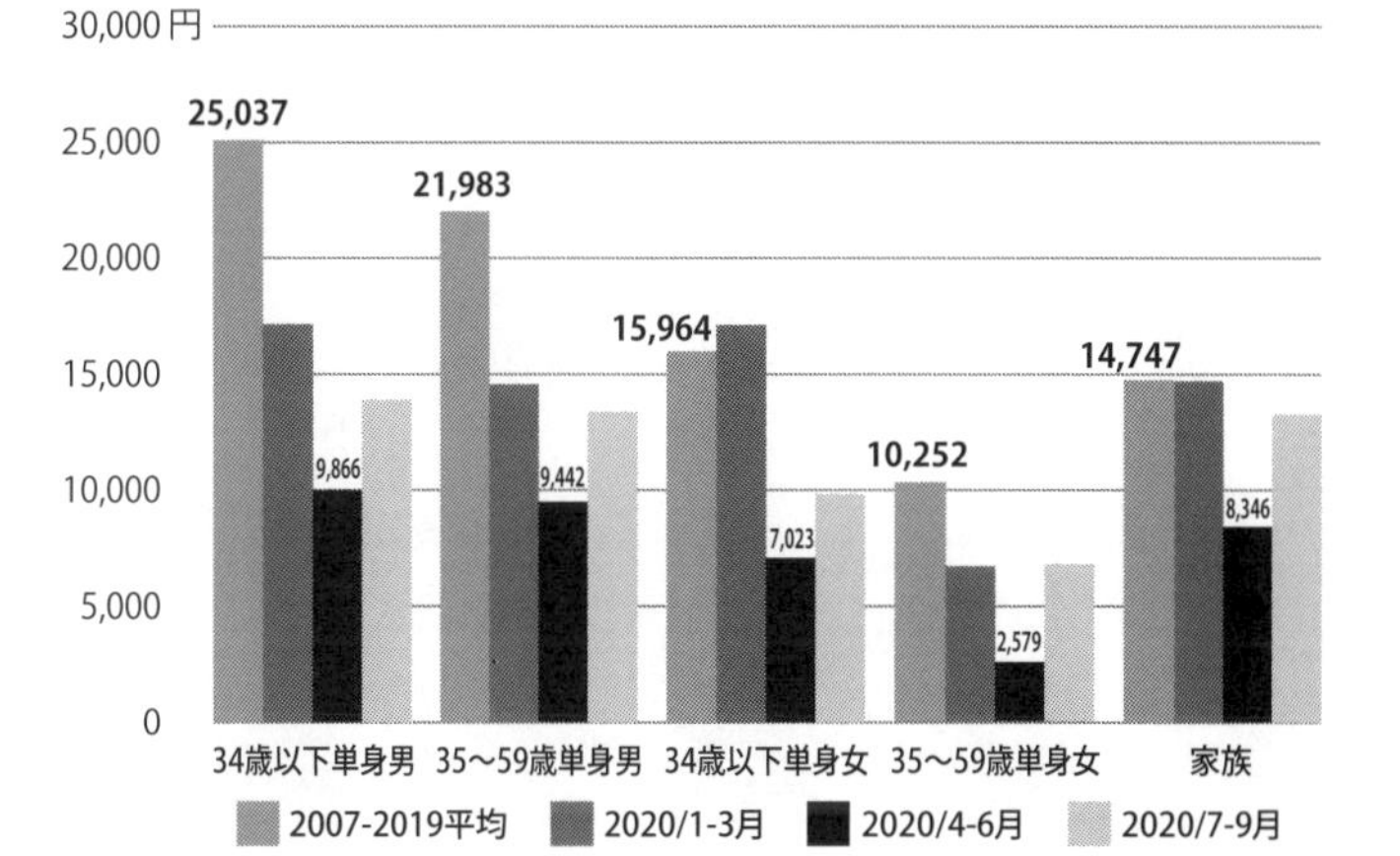

総務省統計局「家計調査」より、勤労者世帯のみにて荒川和久作成。無断転載禁止。

（２人以上の勤労者世帯）の期間平均外食費実額を比べてみると明らかだ。

　従来の月当たりの外食費は、家族が１・５万円に対して、34歳以下の単身男性が約２・５万円、35～59歳の単身男性で約２・２万円といずれも家族よりソロの外食費の方が実額で上回っている。34歳以下の単身女性でさえ、約１・６万円と１家族以上の外食をしていた。

　ところが、コロナ禍における外食産業への時短や自粛要請によって、２０２０年４～６月の第二四半期で見ると、34歳以下単身男性の外食費は月当たり▲１・５万円、35～59歳単身男性は同▲１・３万円、34歳

図3-3 ソロと家族 外食市場規模比較推計

単位：億円

	年間総外食規模	総外食費に占める構成比	年間ソロ外食規模	総外食費に占める構成比	ソロ外食市場に占める構成比
20-50代独身男	37,481	40.5%	22,721	24.5%	55.1%
20-50代独身女	18,018	19.4%	8,586	9.3%	20.8%
20-50独身計	55,499	59.9%	31,306	33.8%	75.9%
20-50代家族	37,155	40.1%	9,924	10.7%	24.1%
合計	92,654		41,231		

2020年一都三県20-50代未既婚男女（n15644）にて算出した年代別外食率とソロ飯率とを総務省統計局「家計調査」の2007-2019年平均月当たり外食費と2015年国勢調査の配偶関係別人口と掛け合わせて、荒川和久独自に推計算出。無断転載禁止。

以下単身女性は▲9000円、35～59歳単身女性が▲8000円とソロたちの外食費が大きく減少した。

家族は▲6000円なので、**飲食店にしてみれば、家族が来なくなったことより、ソロ客が減少したことの方が痛かったわけである。**

では、ソロ飯のうちソロ外食規模はどれくらいになるのだろうか。

家計調査に基づく月間の外食費とそれぞれの世帯類型別のソロ飯率を掛け合わせれば、ソロ外食の単価が推定できる。その単価と国勢調査の配偶関係別年代別人口（本計算では2015年の実績を使用）を掛け合わせれば、独身者（単身者に加えて親元独身者含む）と家族の外食市場規模とそのうちのソロ外食市場規模がどれくらいかが試算できる。それが、図3－3である（20～50代までの人口であり、個人消費以外の外食費は含まないので、事業者ベースの総外食市場規模とは一致しない)。

年間ソロ外食の市場規模約4兆円のうち、4分の3の3兆円以上を独身が占めている。3兆円のうちの3分の2は独身男性である。

ソロ外食に限らない総外食市場においても独身は市場全体の6割弱もあり、うち独身男性が68%を占める。外食産業において、いかに独身男性が貢献しているかがわかると思う。

それでは、業態別にソロ外食経験率は現在どれくらいなのだろうか。未既婚別に集計したものが次ページの図3-4である。当然ながら、未既婚関係なく男性の一人ラーメン、一人牛丼、一人立ち食いソバの経験率は高い。一方、女性はやはり既婚より未婚の方がソロ外食率は高く、特にファストフードやカフェの経験率が高い。そして、案外、もうすでに一人ファミレス率も高いのだ。

2019年に、ファミリーレストラン「ガスト」は、1人用ボックス席を作って話題になった。席の両側についたてを配置し、電源を備えて、まるでネットカフェのようなプライベート空間が人気となったが、ガスト以外でもかつてのファミレス業態が、4人掛けの

図3-4 ソロ外食経験率

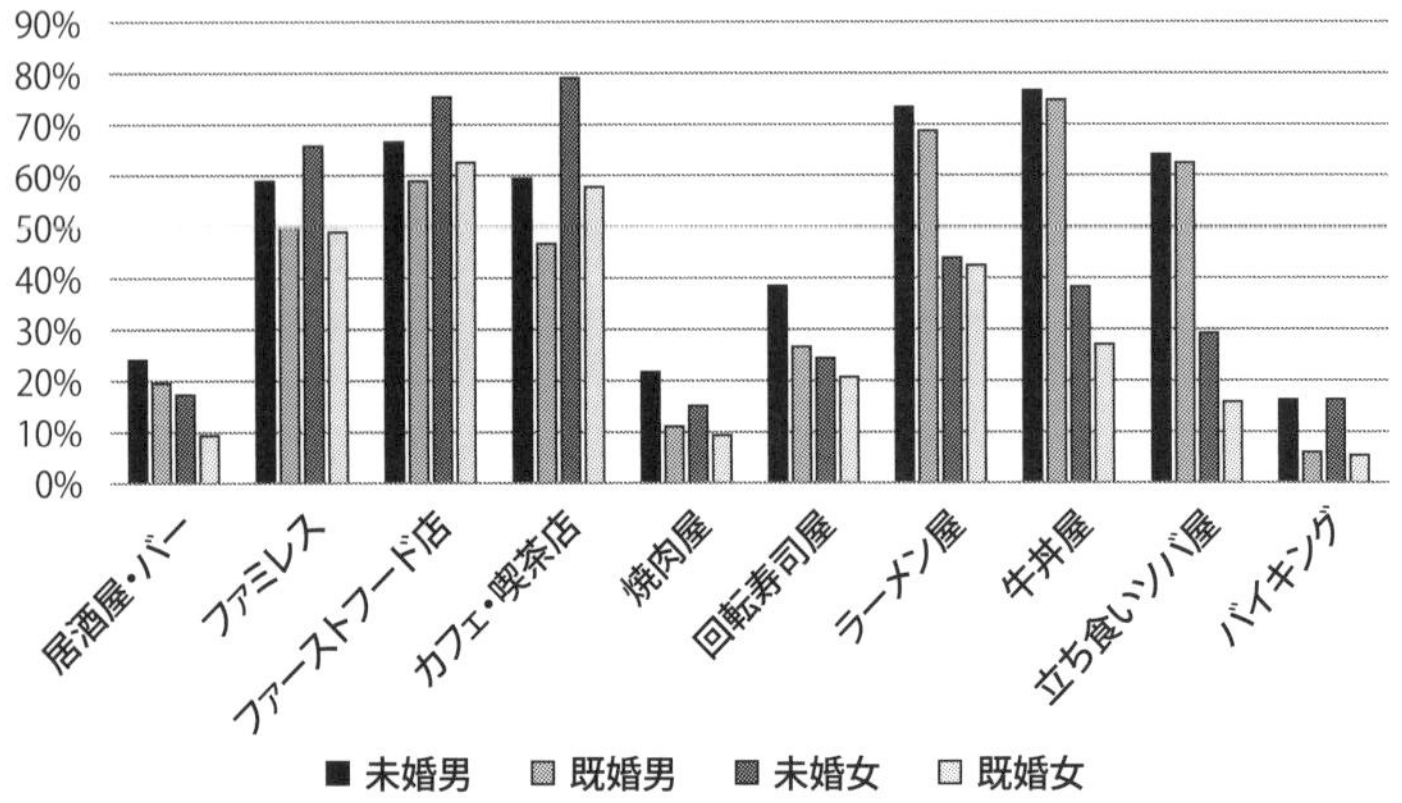

2018年一都三県20-50代未既婚男女（n1657）より、「過去含めて一人で行ったことがあるもの」にて荒川和久作成。
無断転載禁止。

テーブル席からカウンター席を多く設置するなど、ソロ客対応が増えてきている。

これは、２０１８年時点の調査なので、一人焼肉の割合が低くなっているが、今ではこの市場が大きく伸長している。顕著なのが「焼肉ライク」である。１号店を出店したのが、ちょうどこの調査と同じ２０１８年。以来、２０２２年10月現在では全国で91店舗を展開するまでに急成長している。開業当初から打ち出していた「一人焼肉」というコンセプトは、期せずして訪れたコロナ禍における「個食」の流れとも共鳴して、その業績によい影響を与えている。居酒屋チェーンのワタミグループが焼肉業態に進出するなどの状況を見ても、

この一人焼肉市場はまだまだ今後も伸びが期待できるだろう。

同様に、**今後注目できるのが、一人回転ずしである。**現状でも未婚男性は、特にソロ客向けの対応なしに勝手に来店している。

隠れた市場が一人バイキングである。特に、未婚男女は早くからこの需要がある。それも、単価の高い高級ホテルのバイキングやビュッフェに行って、たまには贅沢したいという需要が確実にある。

一方で、コロナで大打撃を被った居酒屋は相変わらずソロ向け対応ができていない。商売の特性上、どうしてもグループ客を入れたがるので、ソロ客が入りにくいという面もある。**ここも、ファミレス同様、テーブル席からカウンター席への対応などで需要の拡大を図った方がいいだろう。なぜなら、ソロ客の中には、必ず酒とともに夕食をとりたいという一定需要があるからだ。**

独身人口が5000万人、単身世帯が4割にも達しようとしている人口や世帯構造の変化からすれば、**ソロ客に対する需要が高まるのは自然な道理である。**

もちろん、家族や大切な仲間たちと食事をする楽しさは否定しない。しかし、「一人で食事をすることが楽しい」という人たちもたくさん存在するのだ。でなければ、「孤独のグルメ」があれほど人気になることもないだろう。

にもかかわらず、「トモ（共）飯派」の人たちの中には、一人で食事をしていることを「ぼっち飯」だのと揶揄したり、「ひとりでご飯を食べるのは弧食である」と社会問題化したり、「一人飯は食事ではない、食餌だ」などと心ない発言をする人もいる。

一方で、ソロ飯を楽しんでいる人は、決して誰かと一緒に食事を楽しむ「トモ飯派」の人をわざわざ非難したりしない。それぞれの楽しみ方でいいと思うからだ。

ところで、外食において「一人で食事を楽しめる場所が豊富にある」ということは、日本にいるとあまりに当たり前すぎて利点と思わないかもしれないが、海外の人からするととてもうらやましいことであるらしい。

以前、英国のＢＢＣの取材を受けて、「日本ではソロ外食が盛んである」という話をした記事と動画が公開された時、放送や記事を見たイギリス人から「（一人で外食できる店がたくさんあって）日本がうらやましい。誰かと一緒に食べないといけないというのは苦痛だ」というコメントが寄せられたことがある。

ハリウッド女優のクロエ・グレース・モレッツも同様のことを言っている。

「東京には一人で食事できる場所がある。一人で食事を楽しめるでしょ。西洋文化では一人で何かをするってことはめったにないの。いつもパートナーや誰かと一緒に食事をしなきゃいけない。でも一人で何かをすることはとても重要だと思う」

みんなで食事をしたいというトモ飯（共にメシを食うこと）の楽しさは否定しない。コロナ禍が一段落して、今後は自粛してきた飲み会も増えるだろう。それはそれで楽しいし、大いに楽しめばよい。

しかし、反対に「一人でゆっくりとご飯を楽しみたい」という需要もあるのだ。それは決して「誰かと一緒に食べられないから、友達がいないから、不本意ながらソロ飯を余儀なくされている」のではなく「一人で食べたいから」なのである。

○日本の食文化を形成したソロたち

そもそも、外食のルーツはソロ飯なのである。

世界で一番早く外食産業が栄えたのは、フランスではなく、日本だといわれる。

１６５７年、明暦の大火で江戸が焼野原になった後、再開発のために全国から大工など職人衆が集結することになった。一旗あげようと農家の次男坊、三男坊も集結、それらに対して商いをしようと商人も集結することになる。

江戸は、働き盛りの男過多の町になり、そのニーズに対して生まれたのが、惣菜煮物を扱う店であり、居酒屋であり、蕎麦などの屋台だった。

男だからといって自炊できないわけではなかったが、当時薪代は高額で、自炊するより外食した方が合理的だったのである。そこから今に続く寿司・天婦羅などの食文化も屋台から生まれた。

自炊しない独身男が大勢いたからこそ、今に続く外食産業と日本独自の食文化が花開いたのだともいえる。

せっかくなので、江戸において誕生した「居酒屋」の話もしよう。

コロナ禍においてもっとも大きな影響を受けたのは居酒屋業態である。居酒屋業態は最悪9割減の売上となり、今でもまだ2019年時点に回復していない。コロナ禍中においても常に100％前後を推移していたファストフード業態とは雲泥の差である。

これは、時短や酒提供禁止という制限の影響がもっとも大きいのだが、それ以外にも、テイクアウトのあるファストフードと、それのなかった居酒屋との差もある。

しかし、もともと、居酒屋というのは、テイクアウト専門店だった。というより、今でいう酒屋だった。樽から量り売りで、持ち込みの徳利についで売ったり、一合枡酒一杯いくらで売っていたのだ。

居酒屋形態は、戦国時代の1570年代にもあったという説もあるが、商売として確立したのは江戸幕府後であり、その契機となったのは、明暦の大火である。火事災害復興のための再開発事業のおかげで全国から男たちが集結したという話はすでに書いた通りだが、もともと、酒屋として酒のテイクアウトオンリーの量り売りなので、本来持ち帰って家で飲むものだった。

しかし、せっかちな江戸の男たちは仕事終わりに寄って、酒を買ったそばからその場で一杯飲んでしまう。そのうち、一杯では足りなくって「もう一杯」と頼むようになる。そうこうするうちに、他の現場から仕事を終えた男たちも続々集まってくる。酒が入ればいろいろと話もはずむこともある。現在も一人で立ち飲みバーやスナックに行って、見ず知らずの客同士が仲良く会話する。時には喧嘩することもあるが、あれと似たような光景である。

酒屋は江戸の働く男たちのちょっとした社交場だったわけである。よく考えれば、貧乏長屋に一人暮らしの江戸の独身男は、家に帰ったところで一人寂しく寝るだけなのだから、そういう場でコミュニケーションをとっていたのだろう。

酒が進み、酔いが回ってくると、何かつまみも欲しくなる。客は店主に「腹減ったな。オヤジ、なんか食う物出せよ」と無茶ぶりするわけである。でも、そこで「バカ言うんじゃないよ。うちは酒屋だ。酒しか置いてねえよ」なんて怒ってマジレスしてはいけない。店主も考えるわけだ。「あれ？　これは、つまみを出せば、酒がもっと売れるんじゃないか」と。ここに、客の要望と店主の商人魂の互いのメリットが合致して、酒屋でのおつまみサービスが自然発生的に始まった。

かくして**「酒屋に居たまま飲む」という居酒屋が誕生した**わけである。

時代劇だと、テーブルとイス席のある今と変わらない形の居酒屋店が映し出されるが、あれは幕末近くの話で、当初はテーブルなどはない。そもそも酒屋だったのだから。簡易的に座れる床几《しょうぎ》があるくらいで、客の男はそこに腰掛け、酒もつまみもそこにおいて飲んでいた。

それと、当時の居酒屋には女性の店員もいない。客はほぼ男性ばかりで、しかも、荒くれ者たちが酔っぱらう場所であり、かなりの頻度で喧嘩が起きる場所なので、基本的には酒屋のオヤジが対応していた。女性店員がいたのは茶屋のほうである。

テレビもＳＮＳもない時代、本来そういう場所ではなかった酒屋を、人とつながり、会話をし、楽しく交流する場に変えたのは、江戸の独身男といってもいいだろう。

幕末には、江戸だけで居酒屋が１８００店舗もあったといわれる。これがどれくらいすごいかというと、人口10万人当たりの居酒屋数でいえば、現在の大阪以上に、江戸では居酒屋があったという計算になる。ちなみに、現在都道府県別に一番居酒屋含む飲み屋が少ないのは奈良県で、１０３１軒しかない（２０１４年時点）。江戸の飲み屋の約半分しかないということになる。

もちろん、独身だけが居酒屋で飲んでいたわけではない。が、江戸に集結した男たちは、たとえ妻子持ちでも単身赴任も多い。農村から来るのは次男坊・三男坊の独身たちで、そのほとんどは独身である。

基本的に、貧乏長屋に1人住まい。男女人口比も男が女の2倍もいたので、男余りで当然結婚相手もいない。そもそも結婚することが当たり前の時代でもないので、特にそれで何か不都合があるわけでもなく、今日働いた分の銭で美味しい酒と飯を食って寝れば、それでよかったのだ。まさに「宵越しの銭は持たねえ」である。

実は、現在のソロ社会における商売のヒントはかなり江戸時代に隠されていて、そのほとんどがすでに江戸で実施されていたものだったりする。

寿司は当時でいえば、独身男たちが出勤途中にかきこむファストフードだったし、今の100円ショップのような「四文屋」もあった。所有する意味のないものは大抵「損料屋」というレンタルショップで借りるという、いわばシェアリングエコノミーも成立していた。家から一歩も出なくても、食品や薬まで棒手振りというデリバリーサービス業が玄関まで来て行商していた。総菜屋が繁盛したのも、自炊をしない独身男の需要があったからである。

江戸の独身男たちは、確かに子孫は残せなかったかもしれない。しかし、今に続く外食産業と食文化を残したのである。

独身たちが自分の快楽としてのソロ飯を楽しむことが、結果的には、そのお店やそこで働く人たちを支えている。それだけではなく、生産者や加工業者、納入を担う物流業者、さらにはそれらの人々の家族の生活まで、知らない間に支えているといえるのだ。

一人で食事をしていても、そのテーブルは多くの人たちとつながっている。日本中には今までもたくさんの名もなき井之頭五郎が存在している。これまでも飲食業界を支えてきたし、これからも支え続ける「一人ずつだけど大きな力」なのである。

○エンゲル係数が高い独身男性

外食だけではない。そもそも独身の単身者は食費が多い。いわゆる消費支出に対する食費の割合であるエンゲル係数が高いのだ。

コロナ禍の2020〜2022年は特殊事情で、家族世帯も引きこもり消費のせいで食費の割合が高まったが、2019年までの長期推移でいえば、単身男性のエンゲル係数は大体25〜30％で推移している。家族が最大でも25％程度、単身女性は20％程度である。**いかに、単身男性の食費にかけるお金が大きいかがわかるだろう。**

しかも、割合だけではなく、実額でも単身者は1家族分と同等かそれ以上のお金を使っている。単身男性の外食費が1家族の倍くらいある話はすでに書いたが、それ以外でも調理食品、飲料、酒の3品目は単身男性は実額で1家族分を超えている。調理食品とは、弁当、おにぎりや総菜などである。いかに、彼らが自炊をしないかの証明でもある。

お菓子やスイーツは単身女性の方が少し多い程度で、単身男性も1家族に対して40％程度使っている。４人家族だと1人分25％相当なので、家族の２人分弱単身男性もお菓子を買っていることになる。当然、その需要を敏感に察知しているコンビニの棚には、１個単位の個装のシュークリームやエクレアが売られている。

しかし、単身男性もスイーツを買うのであれば、男用のスイーツ（たとえば、大盛りサイズ）を作れば売れるのではないかという安易な発想はやってはいけない。また、単身男性狙いで「男の〇〇」なんてネーミングはむしろ逆効果である。むしろ、彼らはこう考えるだろう。「男の〇〇」なんて商品名をつければ、俺たちが買うと思ってバカにしてんじゃないか、と。商品名などどうでもいいのである。美味いかどうかが重要なのだ。当たり前の話である。

当然、スイーツだけではなく、ポテトチップスなどのスナック類やナッツ系も好きだ。酒のつまみとして、イカのくんせいやあたりめなども買う。よくよく見れば、これらはコンビニでも目立つところに陳列されているだろう。

○ソロ旅需要の変化

コロナ禍によってほぼゼロにまで落ち込んだ外国人観光客需要だけではなく、日本人の国内旅行数も大幅に減った。盆暮れの帰省すら自粛を余儀なくされたのだから、それも当然といえる。しかし、実はその中でもソロ旅（ひとり旅）の数はそれほど減っていないことはあまり知られていない。

グループや家族での複数での旅行が行きづらい環境下で、旅行業界や宿泊業界にとってせめてもの救いは、密かなソロ旅客の利用（ソロ密旅）でもあったと思われる。

観光庁の旅行・観光消費動向調査の2019～2021年までの年間の同行者タイプ別旅行客数構成比の推移を見ると、自分ひとりの旅（ソロ旅）の構成比だけがコロナ禍の中でも上昇していることがわかる。もちろん絶対数はソロ旅でさえ減ってはいるが、他の家族などの旅行に比べて減少幅が小さかったという証拠でもある。

私の記憶が確かであれば、2015年頃までパック旅行などは「最少催行人数2人以上」と明記されていて、ソロで申し込むことはできなかった。部屋に露天風呂が付いているような高級温泉旅館なども原則2人以上でないと予約すらできなかった。女性のひとり客などは「自殺の怖れがある」などと警察に通報されたりもした。それは、「女性が一人で旅行なんてするわけがない」という偏見に似た刷り込みがあったからでもある。

図3-5 ソロ旅人数構成比推移

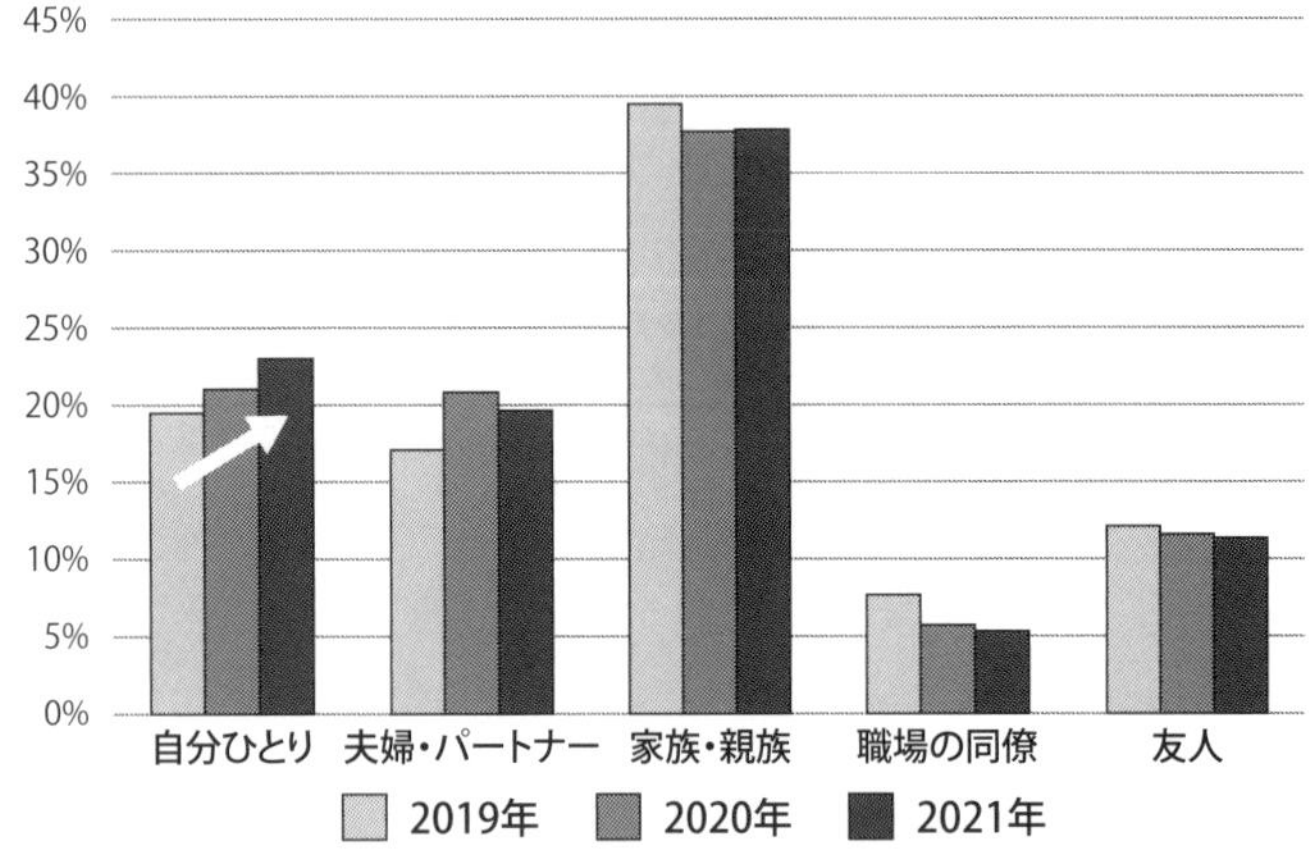

国交省「旅行観光消費動向調査」より国内旅行のタイプ別延べ旅行人数より荒川和久作成。無断転載禁止。

旅行業界も、かつてはソロ客など相手にしていなかった。とある旅行関連の企業にかつて「ソロ旅」について提案したこともあるが、「ひとり旅なんてやってる人間なんて少ないし、そこを狙っても売上的に無意味」とけんもほろろだった記憶がある。

ところが、**今や1人から申し込めるツアーも充実しているし、温泉旅館も1人から泊まれるようになっているところが激増した。旅行会社ではわざわざ「ソロ旅企画」なるものを特集しているところもある。もはや無視できない規模の需要があるからである。**そうした変化の兆しは、コロナが契機というより、それ以前からあった。

そもそもソロ旅の市場規模がどれくらい

あるかを理解している人は少ない。

　コロナ禍期は異常値だったので、２０１９年の数字を見てみることにする。

旅行・観光消費動向調査によれば、年間のソロ旅（国内旅行）の延べ人数は１億１３７０万人。日本の全人口に匹敵する人が年間ソロで旅行していた。さすがに家族の旅行延べ人数には負けるが、夫婦・パートナーでの９９００万人、友達同士の７０５０万人より圧倒的に多いのがソロ旅客なのである。

　消費額でいっても、全体21兆９３１２億円に対して、４兆１０００億円はソロ旅である。約２割がソロ客による消費で占められている。

　もちろんここで計上されているソロ旅はすべて独身者というわけではない。あくまで一人で旅行をした人数なので、その中には既婚者も含まれているだろう。

　今後、旅行行動も以前に戻るようになれば、家族や友人同士の旅も増えてくるとは思うし、外国人のインバウンド需要も復活してくるだろう。しかし、もともとソロ旅をしていた人たちに加え、コロナ禍で「ソロ旅も楽しい」と気づいた人たちなど、ソロ旅の需要はさらに拡大していく余地が大きいと考えられる。

　何より、今までは受け入れ先がソロ旅を拒絶していたわけだが、それが門戸を開いてくれたというのはありがたいことでもある。

「一人で旅行して何が楽しいのか？」

そう思う人もいるだろう。

ソロ旅については、かつてテレビ番組の「アメトーーク！」のひとり旅が好きな芸人篇において、タレントの眞鍋かをりさんが実に的確なことをおっしゃっていた。

「スケジュールと予算と価値観の合う友達ってほぼいなくない？」

まさにその通りで、友達と夏の旅行の話を進めているうちに時機を逸してしまったり、本当は自分の行きたいところに行けなくなったりする場合もある。行きたい時に、行きたい場所にパッと行ける。誰にも気兼ねすることもなく、スケジュールを組む必要もなく、行ってから気の向くままに旅をすることも許される。

そんなソロ旅の醍醐味を知っている者からすれば、ソロ旅をしないという選択肢はないわけである。独身に限らず。

「ソロ旅の何が楽しいのだ？」と思う人は、旅よりも誰と一緒の時間を過ごすかが優先で、旅はその手段なのだろう。それはそれで価値観としてありだと思う。しかし、ソロ旅は「一人で行くこと」それ自体が目的なのである。

一人で旅行なんか寂しくないのか？と思う人もいるかもしれない。が、体験すればわかるが意外に寂しさは感じないものである。

一人だからこそ、見知らぬ人に気軽に話しかけられるということもある。旅の恥はかき捨てというが、普段、人見知りな人でも、誰も自分のことなんか知らないと思うと、人間は大胆に行動できたりするものである。一人で旅をするという環境に身を置くことで「新しい自分」の一面を発見できることもある。

勘違いしてはいけないのは、ソロ外食と同様、ソロ旅をする人とは、決して一緒に行く相手がいないから仕方なくやっているものではないということであり、複数で旅行に行く楽しさを知らないわけでも否定するものでもないということだ。

そういう相手がいようといまいと、独身だろうと既婚者だろうと、男性だろうと女性だろうと、**「一人でも楽しめる」という選択肢を持っているということ**ではないだろうか。

◯認められてきたソロ温泉

ソロ旅の中に「ソロ温泉」というものがある。一人で温泉旅館に泊まって、ゆっくりと骨休めをするというものである。部屋に露天風呂が備わっているような高級温泉旅館はかつてはなかなかひとり客を受け入れていなかったが、現在では旅行サイトで予約する際に確認できるし、多くの旅館が一人での予約が可能となっている。

旅館側からしても、これだけ大きな規模になっているソロ客需要を無視できなくなっているからだ。

実際、男女年代別配偶関係別にどれくらい「ソロ温泉」を実施しているだろうか。

２０２０年の調査で、今まで「ソロ温泉を経験し、今後も行きたいと思っている」という割合で見ると未婚男性は30代51％を筆頭に全体で約４割。未婚女性でも約３割、２割程度の既婚男女と比較すれば、やはり独身者の「ソロ温泉」率が高い。

既婚男女に関しても、彼らが独身時代に行ったのか、結婚してから行ったのかまでは聞いていないが、そもそも「ソロで温泉に泊まる」ということができるようになったのが最近であることを考えれば、既婚者や家族であっても「たまにはソロ温泉に行く・行きたい」層が一定数いるということになる。

割合だけで見てもピンとこないかもしれないが、この割合を２０２０年の配偶関係別人

図3-6 「ソロ温泉」経験率

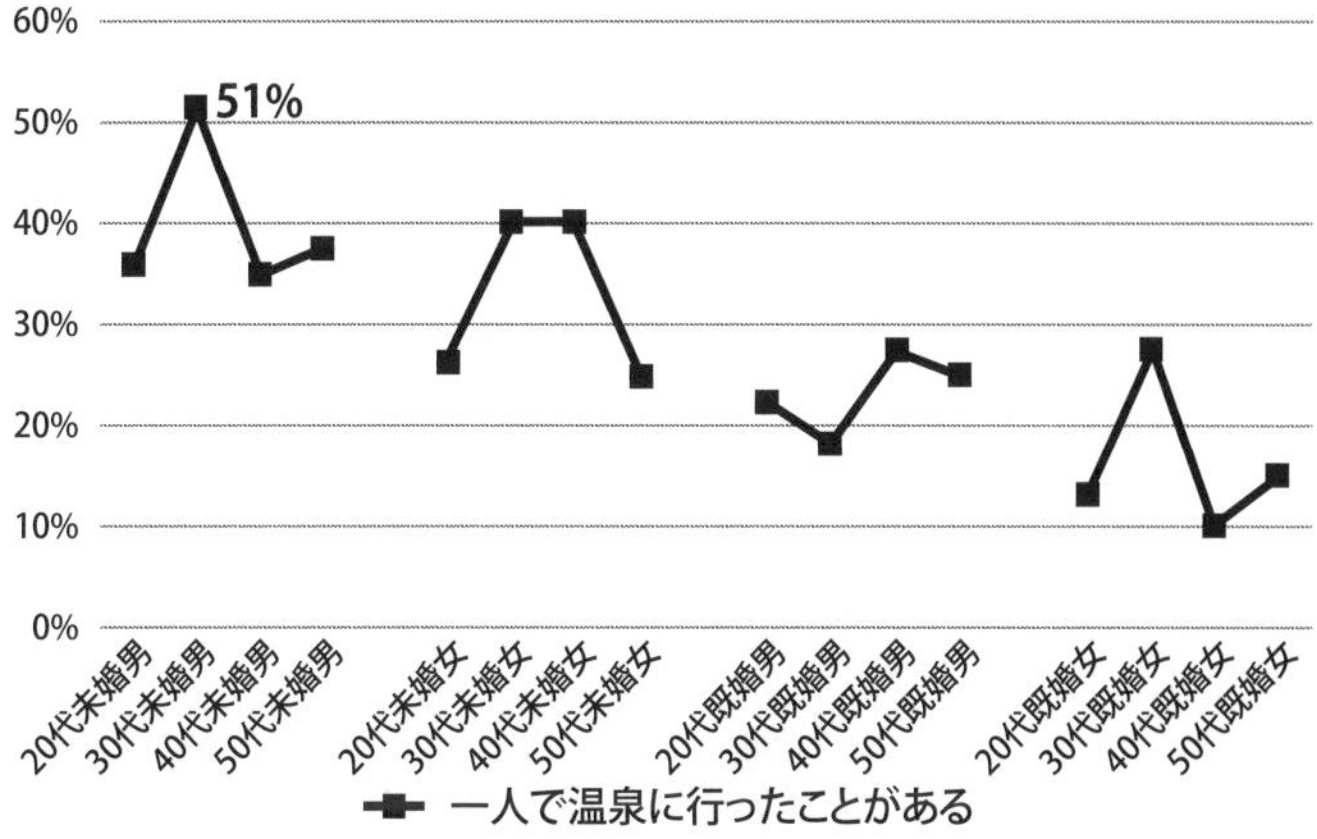

2020年一都三県20-50代未既婚男女調査（n15644）より荒川和久作成。
無断転載禁止。

口と掛け合わせて「ソロ温泉」経験の人口規模（20～50代まで）を算出した。

これで見ると、全体の「ソロ温泉」経験人口は約1620万人にのぼる。当該年代全人口の26％である。そのうち、圧倒的に未婚男性のしかも20～30代の利用が多い。ついで、40～50代の既婚男性である。

すでに「ソロ温泉」を楽しんでいる層にはリピーターも多い。現状の「ソロ温泉」市場は、20～30代の独身男性によって支えられているといってもよい。

しかも、これはあくまで今まで行ったことのある人たちだけである。「今後行ってみたい」という潜在需要を加えると独身者

図3-7 属性別「ソロ温泉」経験人口規模

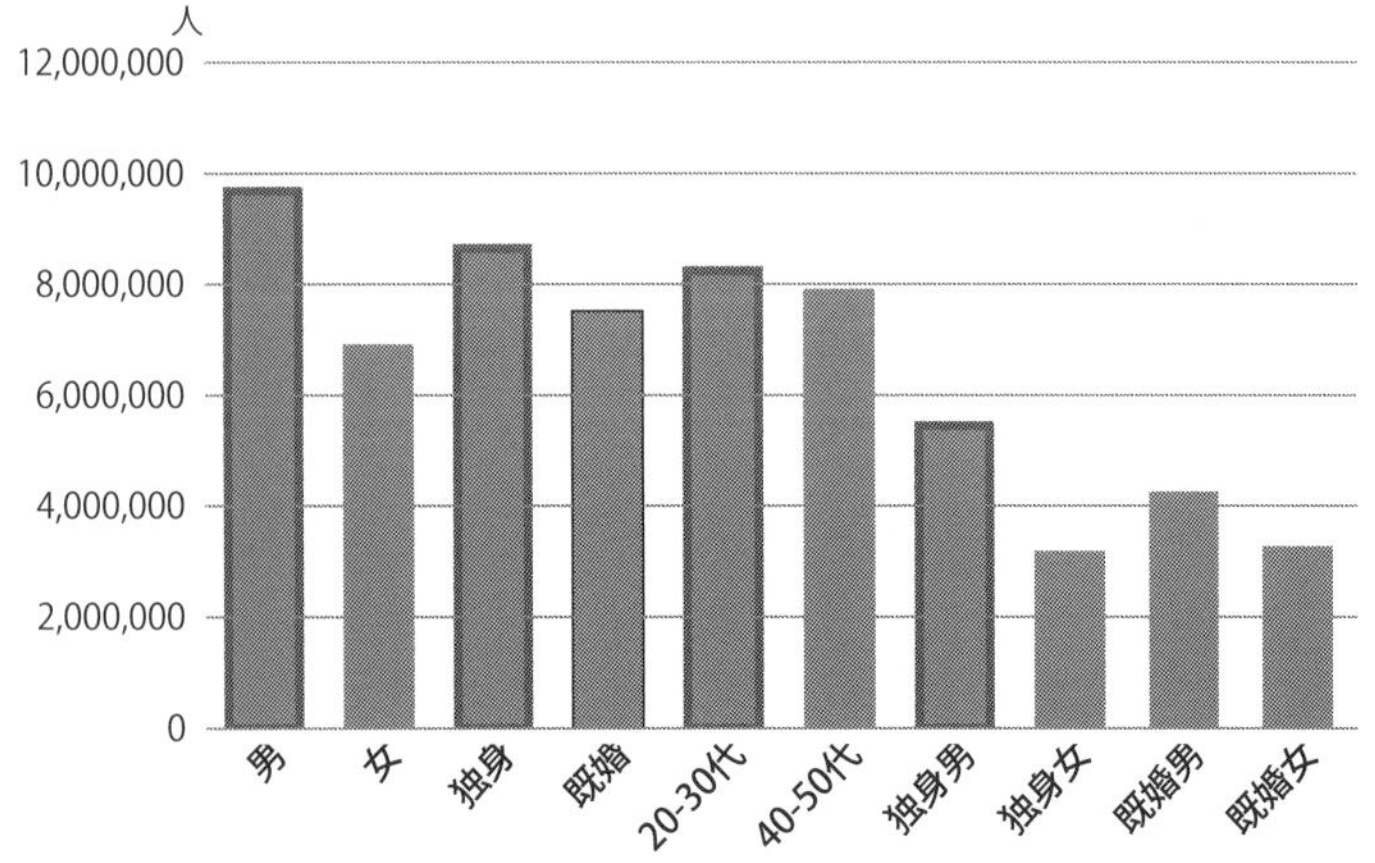

2020年一都三県20-50代未既婚男女調査（n15644）の割合に、2020年国勢調査の配偶関係人口（不詳補完値）を掛け合わせて荒川和久作成。無断転載禁止。

で6割、既婚者でも5割に到達する。

「行きたいと思いながらもなかなか踏ん切りがつかない」という層はまだまだ眠っているのだ。特に、今後人口が増え続ける中年未婚男性や行きたいけど行くきっかけのない女性客は狙い目である。それでなくてもいずれは独身と有配偶人口は同じになるのだから。

もし、それら潜在需要客が行くようになれば、「ソロ温泉」の市場規模は現在の約6000億円の2倍の1兆2000億円規模という大きな市場に成長する。これはオンラインゲーム市場の規模とほぼ同等である。「ソロ温泉」が増えれば自動的に現在4兆円規模のソロ旅市場も大きく増えるだろう。

このご時世、もうそんな時代遅れの人はいないと思うが、もし「ソロ客が増えても儲からないしなあ」などと考える旅館側がいるとするならばそれは大きな判断ミスである。

ソロ旅やソロ温泉が活性化することは、単にソロエコノミーだけの話にとどまらない。「こないだ行ったあそこの旅館はよかった」と思えば、今度は友人や家族と一緒に出掛けることもあるだろう。旅行業界全体の好循環が生まれる。

そもそも、個人単位で見れば、旅というものは、独身はソロでしか行かないとか、家族ならば家族でしか行かないなんてことはないのである。ソロでもカップルでも家族でも団体でも、時と場合と気分によって選択肢が増えることの方がよいし、もっと気軽にソロでも行けるようになった方がよい。

◯遊園地、動物園、水族館のソロ活増加

ソロ外食、ソロ旅、ソロ温泉と見てきたが、その他のジャンルにおいてのソロ活状況はどうだろうか。レジャー関連についてまとめたものが次ページの図3-8である。

図3-8 20-50代男女未既婚別ソロ活率

	未婚男	未婚女	既婚男	既婚女
遊園地・テーマパーク	21%	26%	8%	10%
動物園	35%	37%	12%	21%
水族館	41%	49%	14%	29%
海水浴	20%	8%	10%	6%
キャンプ	27%	8%	17%	2%
スキー場	19%	12%	8%	7%
花火大会	24%	17%	8%	9%
祭り・縁日	33%	20%	13%	17%
スポーツ生観戦	41%	22%	29%	16%
音楽ライブ・フェス	42%	49%	22%	44%
映画館・シネコン	74%	78%	53%	66%

2020年一都三県20-50代未既婚男女（n15644）より荒川和久作成。

ソロ遊園地は、未婚男性21％、未婚女性26％である。女性が「ソロディズニー」などといって一人で遊園地やテーマパークに行く様は、メディアでも紹介されているが、案外未婚男性も2割以上行っている。かつて、遊園地は家族や恋人同士がグループで行って楽しむものという固定観念があった。そういう人にしてみれば「一人で遊園地に行って何が楽しいのか？」と思うかもしれないが、経験者からすれば、**「一人だと乗りたいものや回りたい場所の意見が分かれて、気を遣うこともないし、ショー、買い物、食事、散歩も自分のペースで楽しめます」とそのメリットを熱く語る**。敷居が高いように思える「ソロディズニー」でさえ、むしろ「コアファンほど一人で利用している」らしい。ディズニーランドやUSJなどでは「シングルライダー」という、アトラクションの空席にひとり客が優先的に案内されるシステムもある（コロナ禍中で休止していたが、一部復活などしているものもある)。西武園ゆうえんちの中にある「夕日の丘商店街」は、昭和レトロ感満載の街並みが再現されていて、写真を撮りに一人で訪れるソロ客も多い。

そして、意外にすでに多くがソロで訪れているのが、動物園と水族館である。水族館に至っては、未婚女性のほぼ半数が行っている。

隅田川花火大会や江戸川花火大会など大きな花火大会も、意識していないから目に映らないかもしれないが、写真を撮るためにソロで来ている人も多い。

音楽フェスなども未婚男女とも4割以上がソロで行ったことがある。これは経験者あるあるだと思うが、**フェスなどに友達同士で行っても、好きなアーティストがバラバラな場合などお互い気を遣って熱中できない。であれば、一人で行って、同じアーティストを応援する者同士で、その場だけで盛り上がれる方が楽しいのだ。**

音楽フェスではないが、ライブやコンサートでは既婚女性もソロで行く割合が高い。未婚男女も含め、これはいわゆる「推し活」的なものであろう。

映画も、映画館の中で見渡してみると、むしろ一人で観る人の姿が確実に多くなっていることが実感できる。

メディアで話題となっている「ソロキャンプ」は、２０１５年頃からお笑い芸人のヒロシがYouTuberとして「ソロキャンプ」の魅力を伝える動画で人気となり、再ブレイクのきっかけとなった。また、アニメ「ゆるキャン△」の放送などで話題となったが、女性も含め現在もなお広がりを見せている。

ソロ活人口は確実に増えている。

○周辺消費を生み出すオタク消費

「オタク」に対する間違ったイメージを刷り込まれている人は多い。かつての調査では、オタクとは「女性にモテない」「服装がダサい」「人の目を見て話せない」「家に引きこもってゲームばかりしている」男であるというイメージが強かったが、現在はむしろポジティブなイメージでオタクがとらえられている。

そもそも、**オタクは独身に限らないし、男性しかいないわけではない**。既婚者でも女性でもオタクは存在するし、その数ももはや無視できない規模に拡大していることも事実である。

図3-9 20〜50代オタク人口推計

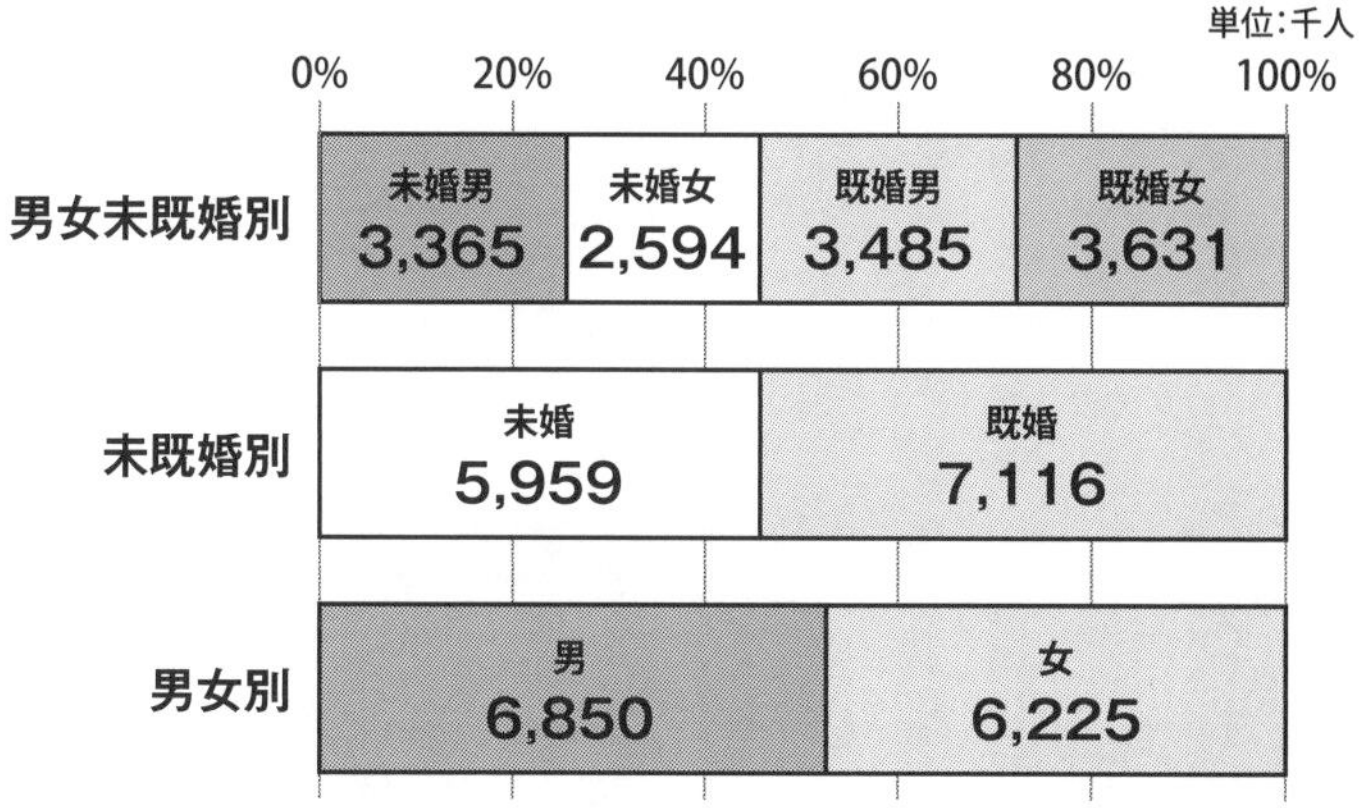

2020年一都三県20-50代未既婚男女（n15644）で算出した男女年代別オタク比率を、
2020年国勢調査の配偶関係別人口と掛け合わせて（既婚者に離別死別含む・不詳除く）荒川和久独自に試算。

20〜50代未既婚男女を対象として、「何かしらのオタク趣味を持つ」割合を2020年国勢調査の人口と掛け合わせて、男女未既婚別のオタク人口を試算（配偶関係不詳人数は含まず）してみると、20〜50代だけに限定しても、オタク人口は約1300万人、当該年齢全体の23％がオタクである。

男女比は、男52％、女48％とほぼ半々で、未既婚も未婚45％、既婚55％とこちらはやや既婚の「オタク」の方が人数は多い。もちろん、未婚人口より既婚人口の方が絶対人口は多いのでそうなるのだが、これだけでも「オタクが結婚できない」という説は誤りであるとわかる。

図3-10 オタク属性別人口ランキング

単位：千人

	全体	未婚男性	未婚女性	既婚男性	既婚女性
音楽アーティスト	10,321	2,165	2,613	1,998	3,545
マンガ	9,174	2,646	1,778	2,181	2,569
アニメ	8,104	2,936	1,471	2,154	1,543
パソコン	8,099	2,616	723	3,174	1,586
野球・サッカー応援	7,085	2,182	729	3,170	1,005
車・バイク	6,456	1,803	297	3,781	575
美術・アート	5,312	703	1,291	729	2,589
カメラ・写真	3,764	958	660	1,315	831
オンラインゲーム	3,347	1,139	485	964	759
アイドル	3,177	834	1,141	387	816
鉄道	2,443	934	130	1,008	371
城・歴史	2,164	616	314	806	428
フィギュア・プラモデル	1,718	633	193	603	289
同人誌	1,380	464	376	197	342
プロレス・応援	1,330	481	81	583	186
コスプレ	529	122	137	138	131

2020年一都三県20-50代未既婚男女（n15644）で算出した男女年代別オタク比率を、2020年国勢調査の配偶関係別人口と掛け合わせて（既婚者に離別死別含む・不詳除く）荒川和久独自に試算。

矢野経済研究所の調査（コロナ禍前の2019年実績）によれば、オタクによるアイドル市場は2610億円、アニメ市場は3000億円にも達する。出版科学研究所によれば、2019年時点で4980億円規模だった「コミック市場」は2021年には6759億円へと急成長している。菓子統計に基づく2018年のスナック菓子市場は4361億円、チョコ市場は5370億円であり、それと比較すれば、いかにオタク市場が大きい市場に成長しているかがわかる。

1975年にたった700人の来場者だけのイベントから始まったコミックマーケ

図3-11 オタク別未既婚男女構成比

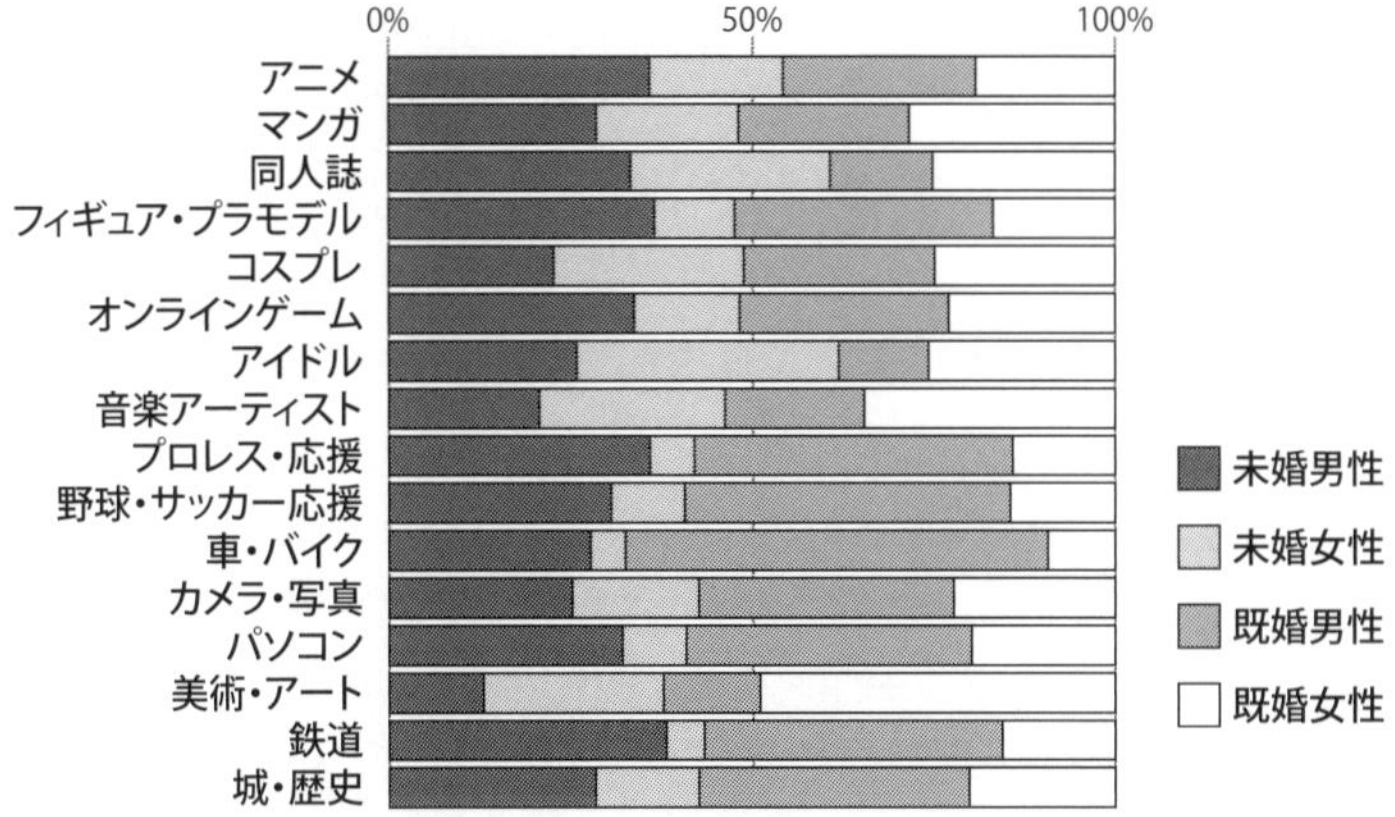

2020年一都三県20-50代未既婚男女（n15644）で算出した男女年代別オタク比率を、2020年国勢調査の配偶関係別人口と掛け合わせて（既婚者に離別死別含む・不詳除く）荒川和久独自に試算。

ット（通称コミケ）は、２０１９年開催のC96では、４日開催で73万人が来場する世界最大の同人誌イベントとなっている。同人誌だけではなくコスプレイヤーの聖地としても有名である。

個別のオタク趣味に関して、どれくらいの人口規模があるかについても試算している（図３－10）。

もっとも多いのは「音楽アーティスト」オタクであるが、最近の「推し活」の流行なども影響していると思われ、男女別では女性の方が多い。続いて「マンガ」「アニメ」と続く。オタクに興味や接点のない人には意外かもしれないが、４位に「パソコン」オタクが推計８００万人という大きな規模でランクインしている。以前より「パソコン」オタクは多く存在し、だからこそ秋葉原がその聖地となったわけであるが、昨今ＡＩ開発やプログラミングなどで、各企業から人材として注目されている。目立たないが「美術・アート」オタク人口が５００万人以上もいる。「アイドル」オタクは約３００万人で高単価少数精鋭のオタクたちが市場を支えているのだろう。

注目したいのは、これらの未既婚男女比率である（図３－11）。

未婚が多いのは、「アイドル」「アニメ」「同人誌」などであるが、さりとてオタクは独身だけとは限らないのが一見してわかるだろう。既婚となっても、家族がいても、オタク趣味をやめない・やめられない「ガチソロ」がいるということでもある。

ちなみに、せっかくなのでオタク属性別の未婚率も計算しているのでお伝えする。

男オタクで見ると、もっとも未婚率が高いのは、１位「同人誌」、２位「アイドル」、３位「アニメ」、４位「マンガ」と続く。反対に、未婚率が低いのは「車・バイク」「コスプレ」などである。

「車・バイク」は納得できるが、「コスプレ」オタクの未婚率が低いのは意外であった。

しかし、そもそもコスプレイヤーとは自らをモデル・被写体として衆目を集める趣味であって、そういう意味では容姿やスタイルに自信を持っている男と考えられるのかもしれない。

女性でいえば、未婚率が高い女オタクとは、1位「アイドル」、2位「野球・サッカーチームの応援」、3位「アニメ」である。

女オタクで未婚率が低いのは、「鉄道」「パソコン」オタクである。未婚率が低いどころか、この2つの属性の女性オタクについては、全体女性の未婚率をも下回っている。つまり、既婚率が高いということになる。これらは、いかにも男オタクが多いイメージの強い趣味であり、そうした女オタクの絶対数が少ないがゆえに、逆にモテるのかもしれない。

いずれにせよ、男女とも「アイドル」や「アニメ」のオタクの未婚率は高いようだ。

そして、オタク市場のうち、アイドルやアニメに関していえば、その直接的なオタク消費以上に周辺消費の活性化が大きい。アイドルオタクやアニメオタクに対して、そのオタク活動における出費を詳細に聞いていくと、実は、チケットやグッズの購入よりも大きい金額を消費しているものがある。

それは、交通費と宿泊費である。よくよく考えれば、全国で行われるコンサートなどを追いかけるアイドルオタクにしてみれば、チケット代より往復の飛行機代や新幹線代の方が高い。遠方であればホテル代もかかる。

アニメオタクは、聖地巡礼という形でアニメに登場する場所を訪れる。一般の人にとっては何の変哲もない坂道でも、オタクにしてみれば「尊い」場所なのである。

彼らの行動で生み出されるこれらの周辺消費は、地方都市の飲食産業や土産産業の活性化にも結び付く。アニメの舞台であることを売り物に町起こし事業をしている自治体もある。それらは決して無視できない規模になりつつあるのだ。

全体からすればまだオタク人口は23％と少数派であるが、今後も順調にオタク人口は伸長すると考えられる。ソロ活人口、行動も増えていく。しかも、**オタク層というのは、一度気に入ったら浮気をしない優良顧客になりやすい。のめり込む体質が高いので、リピート性が高いのだ。**一度気に入ったら優良顧客化になるということを考えた時に、**どれだけソロ度の高い、ソロ活動をするオタク気質の人を優良顧客化として継続的な関係性を作れるかということがこれからのマーケティングの大きな肝になってくる。**

当然ながら人口は減る。それは間違いない。いわゆる高度成長期のように、人口が増え続ける中でトライアルの1回でもいいから買ってくれるお客を増やせばよいというマーケティングはもう通用しなくなる。今までは、基本的には1回買ってくれるだけの100万人をお客にすればそれで商売は成立したわけだが、100万人の人口がいない前提になった時に、買ってくれるお客さんはもしかしたら1万人になるかもしれない。そういう人たちに1000回、1万回買ってもらえる工夫をしないといけないということになる。

○男性コスメに熱い注目

富士経済によれば、2021年のメンズコスメ市場は、2020年比4・3％増の1571億円規模へ、メンズ整肌料市場も11・3％増の246億円規模へ大きく拡大すると予想されている。実際、コンビニの店頭を見ても、男性用のヘアスタイリング商品などの陳列が目立つ。若者向けだけでなく、最近は中高年向けのしみやしわを消すスキンケア商品などの広告も打たれるようになった。男たちが美に金をかけるようになっているのである。

なぜそういう事態になっているのか。

厚労省の最新の出生動向基本調査におもしろい結果がある。未婚男女に対し「結婚相手に求める条件」について経年で調査をしているのだが、**女性が求める「男性の容姿」を重視する割合というのが、1997年では67・3%だったものが、2021年では81・2%へと約14ポイントも増加しているのである。**学歴や職業、共通の趣味よりむしろ、「男の容姿」条件の方が重要視されているのである。

もちろん、男の経済力という条件は相変わらず高いのだが、金を持っていればモテルなんてことはなく、男も見た目や身だしなみに気を遣わなければ、相手にされないようになっている。

しかし、これは何も令和になってから突然起きた現象ではない。男性コスメの盛り上がりは過去にもあって、1984年にコーセーが「ダモンブロンザー」という男性化粧品を発売している。ファンデーションとアイブロウペンシルやリップスティックまで用意されていた。当時は、日焼けした肌が男女ともウケた時代でもある。

ちなみに、1984年といえば、東京麻布十番にディスコ「マハラジャ」が開店した時期でもある。それと連動して、アーストン・ボラージュの肩パッドバリバリの服を着た「なんちゃって安全地帯（玉置浩二）」みたいな化粧した男たちが、夜の街を闊歩していた頃だ。加えて、当時は男が香水をつけるのも流行った。御用達は、シャネルの「アンテウス」。今も販売されている。

おもしろいのは、当時も「個性の時代」とかいわれていた割には、みんな同じ物を買い、同じ格好をして、同じ場所に集まっていたというわけである。その当時、メイクしてディスコでウェイウェイしていた世代は今ちょうど還暦あたりの男たちである。中高年向けのメンズコスメを買う世代は、かつてを思い出しているだろう。

それだけではない。そもそも庶民の男の身だしなみやメイクは明治以前の江戸までは普通だった。天保期の1830年頃に発行された寺門静軒の『江戸繁昌記』には、「糠袋《ぬかぶくろ》で肌を磨く男」の描写がある。糠袋とは、主に女性用のデイリースキンケアアイテムだったが、それを使って肌のお手入れをしている男性もいたようである。

さらに遡って、天明年間（1781～1789年）には、町人の若者の間で、眉を抜いて薄くした「かったい眉」と呼ばれるスタイルが大流行した。また、銭湯では毛切り石が常備されており、男たちはムダ毛ケアに余念がなかった。白い歯も江戸っ子の粋を表すとして、男たちは念入りなオーラルケアをしていた。

天明期に書かれた勝川春潮による錦絵「橋上の行交」などにも、男のおしゃれなセンスが表現されている。当時、大流行の黒い縞模様の小袖に紫の縞の羽織を合わせ、帯と鼻緒の赤を差し色としてあわせ、頭巾をマフラーのように使うのがトレンドだった。

このように、むしろ江戸時代まで男のメイクやおしゃれは当たり前で、「髭をたくわえた強そうな男」がよしとされた明治以降の100年が異常だったとも考えられる。

注意したいのは、男性メイク市場が活発化するのは、「女にモテたい」という個人的欲求の高まりだけだと勘違いすると見誤る。それもないことはないが、もっと内面の「自信を持ちたい」とか「他者に舐められたくない」という社会的な欲求を訴求した方が市場は拡大する。

男のメイクは、「女性にモテる」という訴求より、「面接に通るメイク」とか「年収換算でいくらくらい差が出る」とかの社会的な部分での訴求の方が効くと思われる。そして、こうした訴求の方が、若者だけではなく、中高年にも響くだろう。ソロ市場というのはもはや若者だけではなく、40代以上の中高年ソロと若者ソロが人口的には拮抗しているのだ。そして、**単価が高い買い物をしてくれるのは中高年の方であることを忘れてはいけない。**

第4章

感情をとらえる

○デモクラシーからエモクラシーへ

「もはやデモクラシー（民主主義）の時代ではない。多数派よりも感情が、理性よりも感覚が重視されるエモクラシー（感情主義）の時代を生きている」

これは、英国出身の歴史学者ニーアル・ファーガソンが、２０１９年1月27日にThe Times紙に寄稿した記事（Feeling beats truth in our indignant 'emocracy'）にあった言葉であり、非常に正鵠《せいこく》を得ている表現だと思う。

トランプ大統領時代のアメリカも、移民排斥などの動きが広がる欧州諸国の動きも、こうしたエモクラシーの流れといっていいかもしれない。ここでの感情とは、主に「怒り・憤慨」であることを指している。

しかし、そもそも政治とはいつの時代も「怒りを中心としたエモクラシー」だったのではないだろうか。ベルリンの壁崩壊もソ連崩壊も、チャウシェスク大統領の最期も、怒りという感情のうねりによって引き起こされたのではないだろうか。古くはフランス革命もいわば「お気持ち革命」である。日本においては、２００９年民主党政権が誕生した時がそうだったかもしれない。

ここで政治的な話をしたいのではない。こうした**感情重視のエモクラシー的な流れは、商いの領域でも見られる**。「広告表現が気に食わない」という声によって広告が取り下げられて謝罪をすることになったり、「不倫をした俳優を使うのは許されない」という指摘によって、公開直前の映画やドラマが延期または中止になったりという例がある。当然、たくさんある事例のうち、それが妥当な指摘だと納得できるものもある反面、中には「そこまで問題視するべきものなのか」と疑問に思う意見も多々見られる。

広告を作る側からすれば、いついかなる時にクレームをつけられるかわからない以上「もう実際のタレントを使うことはリスクだ」と考えるところも出てくるだろう。

お気づきかどうかわからないが、最近のテレビCMの中では、もはや「家族4人で食事をしているシーン」というものがなかなか使えなくなっている。昭和の時代なら、「おかわり」と子どもがうれしそうに言えば母親が受け取るシーンが流されたが、現在それをやると「なぜ、女性を給仕係のように見せつけるのだ」とクレームを言ってくる界隈があるらしい。女性というが母親が子どものおかわりをよそうことはひとつの喜びではないのか、と思うのだが、そういうジェンダー的な役割分担を親の仇のように糾弾している人がいるらしい。

もっといえば、母親が料理をしているシーンもダメなのだそうだ。「なぜ料理するのは女性なのか？」と言ってくるらしい。甚だ面倒くさい。家族のために母親が料理することは悪なんだろうか。

そうはいっても料理のために使う調味料などを訴求したい時はどうするのか？という話になる。よくよく見ていただければわかるのだが、その場合、女性が一人で料理して、一人で食べるシーンになっている。クレームがくるから、家族の食事シーンを避けるのである。

もっと違和感のあるものになると、母親が子どものために料理を出すのはいいらしいので、画面には父親を登場させないというパターンになる。母親と子ども2人で楽しそうに夕食を食べているのだが、どう見ても「シングルマザー」の演出に見えてしまう。

一方で、家族の食事シーンでも父親が料理して「どうだ」と提供するものや、父親が洗い物をしているというシーンは問題視されないようである。そのうち「サザエさん」や「ちびまる子ちゃん」から母親が料理を作って…という家族団らんシーンは排斥されてしまうのだろうか。

何が問題で、何が問題じゃないか、という話はここでの論点ではないので、ご自由にやっていただいていいのだが、**その「私が不快なものはやめろ」という動きが極端に最近多くなっている気がするのである。**

店舗運営されている方ならよく経験されていることだが、店にクレームを言ってくる客というのがまああたくさんいる。もちろん、店側の不手際によってお客に迷惑をかけることもあるだろう。しかし、中にはどう考えても「それ、あなたの個人的な感想ですよね？」という理不尽なクレームもある。

○私が不快だからというクレーマー

ネットで話題になった2017年のこういう事例がある。

とある店に「お客さまの声」として寄せられたクレームに、「同性愛者は店に入れないでくれ」というものがあったそうだ。この客にしたらそれは不快なことだったのだろう。しかし、クレームはまだ続き、言うに事欠いて「対策とかしてくれないなら、二度と来ません。そういうお店ってこともインターネットに流します」という脅し付きである。

これに対する、この店の「本部 個性輝く生き方推進室長」からの答えが以下である。

結論から申し上げます。もう来ないでください。

当社では、皆さま同じお客さまとして接しております。皆さま大切なお客さまです。お客さまを侮辱する方を、当社ではお客さまとしてお迎えすることができません。あなたさまの考え方や感じ方を否定するつもりはございませんが、ＬＧＢＴの方々の生き方を真っ向から踏みにじるような言動はおやめください。

最高である。ぐうの音も出ないと思う。

「お客様は神様論」をかざしてくる人がいるが、私自身、物販店や飲食店をやっていた経験があり、接客商売は一応プロとしてやっていた立場から言わせていただければ、本当はそんなもん「犬に食わせろ」なのである。理不尽な客は客ではない。こちらに非がある理由のある怒りにはもちろん対応するし、謝罪するのも当然である。ただし、理不尽な怒りやクレーム、個人の単なる不快感を、さも社会悪であるかのように仕立てる屁理屈でやってくる意味不明なクレームやこうした差別的な要望に関しては店もキレていい。

経験上、割と効果的なのは、こっちも「丁寧語でロジカルにキレまくる」ことだ。この本部の室長さんも、見事に丁寧語でロジカルにキレまくっている。

そして、何より素晴らしいのは、このクレームをつけてきた客に対して「ことなかれ主義」で謝っておけばいいという態度ではなく、定型文の「参考にさせていただきます」でもなく、キチンと対決していることだ。クレーマーと真っ向対決することで、理不尽なクレーマー以外の真っ当な顧客に対しても店としての意思表示をしている。これこそが客商売の本質なのだと思う。

表面上「謝っておけばいい」とか見せかけの対応をすることが商売ではない。社会にはいろいろな人がいるのは当たり前で、それぞれに考え方や不快に思うポイントも違うだろう。全員に快適なものが提供できない場合もある。店側が善意や信念をもって提供したことでも誰かを傷つける場合もあるかもしれない。しかし、どう考えてもただの個人の不快感だったり、差別的な内容だったりした場合は、毅然とした態度をとるべきだろう。

一方で、いざ自分を客側の立場に置いた時に、たまたま虫のいどころが悪かったなどで感情的になってしまったりしていないだろうか。レストランの店員やタクシーの運転手やコンビニのレジ担当の店員に「個人の不快」をさも、「それは是正されるべき社会的な問題」であるかのごとく盲信してクダをまいたりしていないだろうか。SNS上でも同様なことがいえる。

その是非はともかく、なぜそうした現象が起きるかというと、**怒りや嫌いなどのネガテ**

ィブな感情は、好きというポジティブな感情を凌駕してしまう力があるからである。

人は、自分を不快な感情にさせるもの・嫌いなものについては、割とロジカルに説明できる。しかし、だからといって、冷静な判断とはいえないし、最初から客観的な論理的思考によって「不快な理由」が先にあったからではない。

「不快な感情」が先にあり、嫌いであることの正当化のために、素早く理屈付けをしようとする。じゃないと、不快な感情だけが自分の中に蔓延し、脳が安心できなくなってしまうからだ。よって、その理屈付けは、無意識にバイアスがかかっているし、論理的に破綻していても本人は気づけない。このようなメカニズムで、人は不快な感情をすばやく表層的な論理で武装し、自分が怒りを表出する正当な「錦の御旗」を手に入れるのである。

怒りの感情を行動として外に出すことは、ある意味、排泄行為と同等に快感なのである。逆にいえば、怒りを我慢してしまうことは便秘のように苦しいものなのである。そのうち、そうした排泄の快感に依存するようになると、わざわざ「怒り」の感情を喚起するようなネタを探すようになる。探し出して怒るためにである。

そのうちに自分の怒りを正当化するために、仲間を求めるようになる。同じように排泄の快感に依存した人間を仲間に取り込もうとする。そうやって、いつも何かを見つけ出しては、いちゃもんのような理屈で常に怒っているグループが誕生するのである。

昭和のマーケティング上では、あまり重視されなかったこうした人間の生理的かつ心理的現象については今後重要度が高まるだろう。

怒りの感情を悪用したものがいわゆる「炎上マーケティング」というものだ。特にネット上では、残念な事に不快や怒りの方がバズる。だから、ユーチューバーで儲けたい者たちは、いつも人が不快になったり、怒りを覚えたりするようなことを故意にやって、その謝罪までもが1セットとなって、広告収入アクセスにつながるようにしている。

あからさまに、もはやプロレスのようになっているプロセスに、多くの人が自分の排泄の快感を結び付けているのだ。

だからといって、それを踏襲してはいけない。炎上マーケティンとは便所マーケティングなのだ。

人間の感情は怒りだけではない。むしろ、より快感があり、幸福感を高めるのは喜びの感情の方である。しかし、不思議なもので、人は嫌いな人の悪口は何時間でもしゃべれるのに、好きな人の理由を述べよと言われて、能弁に語れる人は少ない。

「何か好きなんだよ」「言葉ではうまく言えないけど好きなんだよ」という場合が多いの

ではないだろうか。口下手な人ならなおさらだろう。なぜなら、好きという感情や心地良いという感情は、ロジカルなものではないからである。

そのため、人は、自分が好きと思うことや共感したと思うことを、うまく言語化してくれたり、「あなたの考えはこうだよね」とまとめてくれる人がいると、その人を瞬間的に信用してしまいがちだ。

「そうそう、私の言いたかったことはそれなの！」という感情は、その瞬間一切の論理的思考を取っ払ってしまう力がある。実は、これこそがカルト宗教の教祖とか、一流の詐欺師がよく使う手でもある。

つまり、感情で行動が左右されるという現象は、最近始まった話ではなく、古来より人間関係というものはそういう感情操作によって紡がれてきたと考えた方がいい。もともと人間とは感情的な生き物であり、原始より「エモクラシー」だったのだ。ひとつ言えるのは、ＳＮＳや情報ネットワークの発達によって、不快や快、怒りや喜びという感情を左右する情報に触れやすくなったという点は否定できない。あまりの情報過多により、個々人の中の感情の振れ幅はより大きく頻繁になっているものと考えられる。

望むと望まないとにかかわらず、**そういう環境の中で生きるには、人間の感情というも**

のと向き合っていく必要があるだろうと思う。マーケティングでも同様だ。

○ソロと家族とでは「感情」のOSが違う

前章まで、人口構造や世帯構造が変わると市場も変わるという話をしてきた。意識するとしないとにかかわらず、すでに市場構造も変わってきている。それを踏まえて、まずファクトを正しく把握することは大前提になる。間違った事実認識ではそもそもその後もすべて間違ってしまう。しかし、ファクトもただ一面からだけ見て結論づけるのでは足りない。なぜなら、ファクトも見方ひとつでまったく違うものになってしまうからだ。

「視点と視座を変える」ということがより重要になってくる。

視点とは「どこを見るか」ということ。リンゴがあった時に、へたの部分を見るのか、真ん中を見るのかによっても全然違う。渋谷のスクランブル交差点に立っている同じ人でも、ある人はタレントの顔が大写しになっている広告を見ているかもしれないが、別の人はそんな広告看板があったことすら気づかずに、目的地の店の看板だけを見ているかもしれない。そこにあったとしても、人によって注視している視点が異なる。視点が違えば、そこに存在していてもなかったと等しくなるものもある。

視座を変えるというのは、「どこから見るか」ということ。見る側の位置を変える。高いところから見るのか、低いところから見るのか。右から見るのか、左から見るのか。上から見るのか横から見るのか。視座とは見ている人の位置、座標を指す。

視座ひとつ変えただけで、同じ物でもまったく違うものになる。そんなことがあり得るのか、と思う人もいるかもしれないが、私はよくカマンベールチーズの話で説明する。

カマンベールチーズは、上から見たらまん丸である。しかし、横から見たら長方形になる。実際にそんな人はいないが、横からしかカマンベールチーズを見たことがない人に「カマンベールチーズってどういう形？」と質問したら「長方形」と答えるはず。しかし、それは、その人の中で正解なのである。上から見たことがある人が「いや、丸だよ」と言ったところで信じないだろう。

視座を変える、複数の視座を持つということは非常に大事で、そこから見たらそれは正しいが、決してそれだけが正しいわけではないということに気づけること。一回上から見るという行動をすれば、丸型にも見えるというファクトを知るということになる。

これは今までも説明してきた通り、年代、デモグラ属性とか世代論というのは、ある一面から見たら正しいのかもしれないが、それだけが見方ではないということにもつながる。同じ年齢でも、未婚なのか既婚なのか、子がいるのかいないのかで実はその人が置かれた環境は変わるし、環境が変わればその人にとってのファクト（見ている世界）は変わるのである。そして、見ている世界が違えば、「感情」もまた違うものになる。

ソロと家族とでは、環境が違うことにより、消費に対する興味関心も当然違う。それは、性別や世代、年齢の違いなどより圧倒的な違いがある。今までそうした配偶関係の違いにフォーカスしたマーケターは私の知る限りではいない。

わかりやすく言えば、**ソロと家族とでは「感情」のOSが違う**のである。

これは、かつて独身者だった既婚者で、子どもが生まれた層が一番わかっていることではないかと思う。「子の親になる」という環境は、今までの価値観を覆してしまうほどのインパクトがある。

結婚しても「ガチソロ」の価値観を踏襲する「カゲソロ」というカテゴリーがいるという点はすでにお話ししているが、この「カゲソロ」が、家族が何よりも大事だという「ノンソロ」に移行するきっかけの最大のものは「子どもの誕生」である。「稼いだお金も時間も自分の趣味のためにつぎこみたい」という気質の人間が、子が産まれた途端に、同僚との深夜までの飲み会を断り、早く帰宅しようとする場合がある。「出世なんか興味はない。仕事をある程度適当にこなして、自分の好きなことに打ち込みたい」などと語っていた人間が、子ができた途端に「子どものために一生懸命働かなきゃ」と信念を変えてしまう場合がある。

よく独身男性界隈が「結婚なんかしたくない」という理由に、「家族のATMなどになりたくない」というものがある。同僚や先輩などが結婚を機に変わってしまう様を見ているからだろう。**月たった3～4万円程度の小遣い制の夫は令和の時代でも6割を超える。**3万円では、ランチひとつ満足なものは食べられないし、当然仕事終わりに飲みに行くことすらできない。後輩に奢ることなんてとんでもない。自分よりはるかに多くの手取り給料をもらっている先輩社員が、自分以上に貧乏な日常を強いられている状況を見て「ああはなりたくない」と思う未婚者がいても不思議ではない。

しかし、当の本人は、それは「強制されている苦痛」だとは思っていない。家族のATMにされているという意識もない。それどころか、言葉を借りれば、家族のATMである役割を果たしている自分自身に言いようのない喜びを感じているだろう。

独身男性が思う「結婚なんて、家族のATMなどにされるだけで嫌だ」という感情は、子どもを授かった既婚男性にとっては、「家族のために一生懸命がんばる自分でいさせてくれてありがとう」という感情になる。状態は一緒でも「感情のOS」が違うのでそうなるのだ。

そうしたOSの違いは実際の消費行動でも違った形で顕在化する。

ソロと家族のそれぞれに「お金と時間をかける対象として興味関心が高いモノ・コトは何か？」を聞いたところ、家族は「家族で過ごす時間」や「旅行」の他、「衣食住」など日常的なものに関心が高い。つまり、これは現状維持の方向性だ。それに対して、ソロ男女は、「自分の趣味」「自分のための教養・勉強」「スポーツや筋トレ」「ネットワークや人脈作り」など自己実現や自己啓発関連に対する意識が高い。

家族は、現状に満足し、それを維持する「現状維持消費」傾向があるのに対して、ソロは現状を打破する「現状変革消費」傾向があるということだ。それは、別の見方をすれば、独身は「現状に満足していない」ということにも通じる。

○未婚の中年男性の幸福度はもっとも低い

幸福度という指標がある。アメリカで35万人を調査したストーン博士の研究によれば、「幸福度は10代と80代でもっとも高く、一番低いのが40代から50代前半。人生の幸せを感じる度合いはU字曲線を描く」といわれている。これは、国によって多少のバラつきはあっても、全世界共通といわれる。

実際、日本人とアメリカ人を比較すると若者のうちの幸福度と高齢者になってからの幸福度の違いはあるが、U字曲線であることは一緒で、40～50代が不幸度MAXとなる点も一緒なのである。

これは年代別だけの視点だが、これに未婚なのか既婚なのかという配偶関係や、男か女かという性別も加味してみると、また違った景色が見えてくる。

結論から言えば、男性より女性の方が幸福度は高く、未婚より既婚の方が幸福度が高い。つまり、まとめると、一番不幸なのは、未婚の40～50代男性ということになるのだ。ちなみに、既婚でも子ありと子なしでは子ありの方が幸福度は高い。

そう考えると、単純に幸福度とは年齢だけの問題ではなく、その人の置かれた環境によって左右されるものだということがわかる。

年収と幸福度についても有名な話だが、途中までは年収があがるごとに幸福度は比例して高まるが、ある一定の年収に達するとそれ以降の幸福度はあがらないともいわれている。

では、なぜ未婚の中年男性の不幸度が高いのか、という話になる。今後ソロ社会化して未婚が増えるとなるとそれは「不幸な中年」が増える社会になるのかと思われるかもしれない。

この未婚の人たちの幸不幸に直結するものでいうと、それぞれに「結婚をどうとらえるか?」「子どもを持つことをどうとらえるか?」によって変わってくる。

ひと口に未婚といっても、「結婚したいのにできない」不本意未婚と「結婚するつもりがない/結婚しないと決めた」選択的非婚がある。前者にとって、未婚である状態は不快であり、不幸だろう。しかし、後者にとっては、自分の選択の結果であり、それに満足している場合もあろう。

つまり、未婚=不幸、既婚=幸福という単純な図式ではなく、今の状態が望んだものなのかどうか、自分が納得しているものなのかどうかが幸不幸を分けるのだ。言い方を変え

ると、不幸の元とは「欠落感」である。

人間は欠落、たとえばお金を持ってないとか、彼氏がいないとか、結婚していない、子どもがいない、何がない、何がないという欠落を意識すればするほど不快になるものだ。他人から見て「きみは、あれもこれも持っているじゃないか」と指摘されても関係ない。**その人にとって「これが欠落している」と意識したものがあれば、たとえその人が高年収であっても、配偶者がいても、子どもがいても不幸なのだ。**

未婚の中年男性の抱える欠落は、もちろん人にもよるが、「収入が足りない」「配偶者がいない」「子どもがいない」ということだけではなく、そもそも「恋愛相手がいたことがない」という経験の欠落もある。

わらにもすがる思いで、マッチングアプリや結婚相談所で婚活なるものに手を染めるのも欠落感による。が、欠落感を抱えたままでトライしてもうまくはいかないだろう。なぜなら、**不幸そうな顔をした人と恋愛したいという奇特な相手はいないからである。**自分の欠落の穴埋めのためだけに利用されるなんて真っ平御免だろう。

「結婚したら幸せになれるはず」と考えがちな人は、まさにフォーカシング・イリュージョンという幻想の呪いにかかっていて、多分一生結婚もできないし、幸福にもなれない。「い

図4-1 未既婚男女年代別自己肯定感あり率

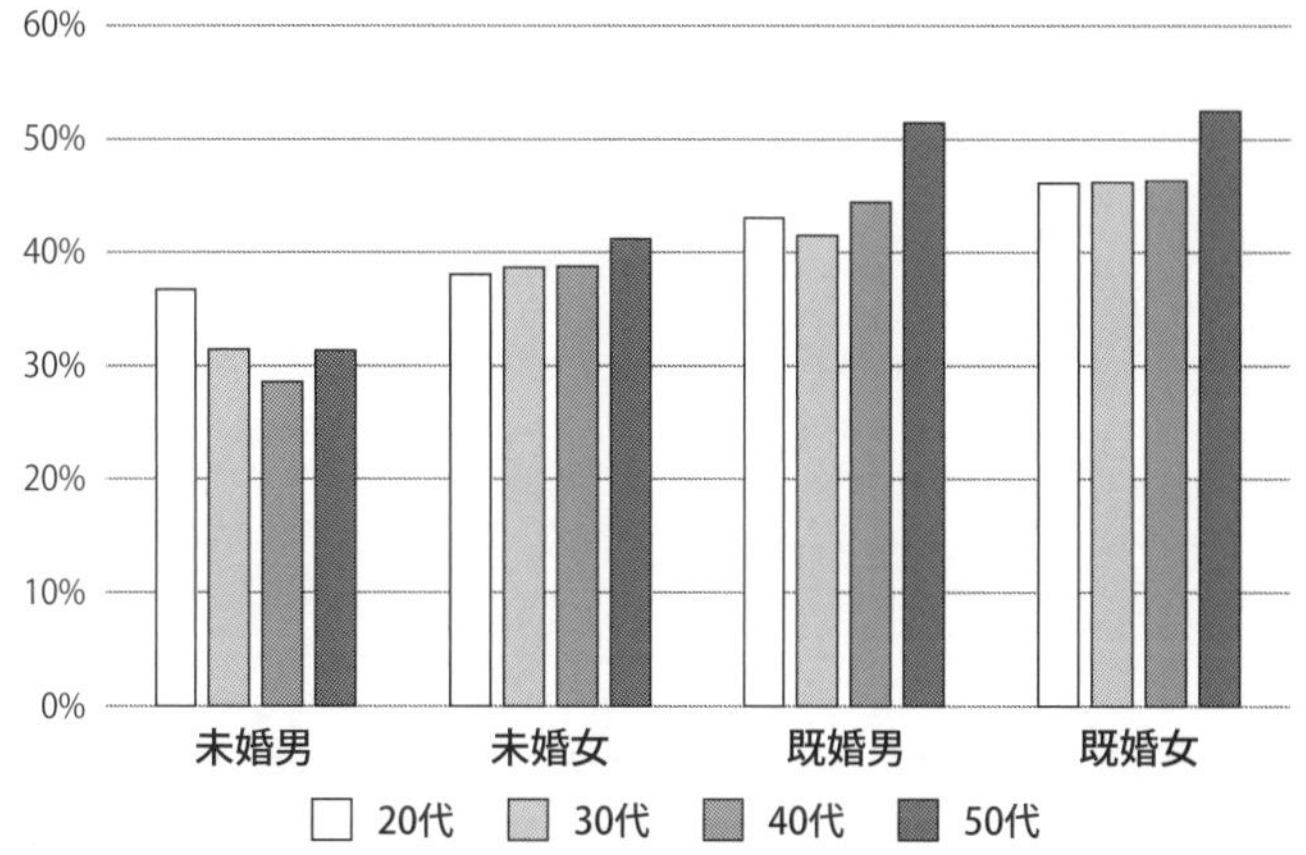

2018年一都三県20-50代未既婚男女（n26452）より荒川和久作成。無断転載禁止。

い学校に入れば幸せになれるはず」「いい会社に入れば幸せになれるはず」も同様で、**ある状態に幸せというものが存在し、その状態に自分の身を置けば幸せになれるはず、と考えてしまうと、「その状態にない自分は決して幸福ではないはず」という逆の思い込みを生んでしまうからである。**

こうした「欠落感」もまた、視点や視座が足りないことにより起きる。ある意味、「見方が足りない」のだ。

幸福度に「未婚＜既婚」「男性＜女性」という傾向があるのは、幸福感の他に自己肯定感の低さにも理由がある。自己肯定感の場合は、幸福感のようなUの字型というよりは、年齢とともに上昇していく傾向があるが、唯一未婚男性だけUの字型である。これもまた「幸福ではない自分は肯定できない」という呪いによるものだろう。

ところで、巷では「自己肯定感」という言葉がインフレを起こしているような気がしている。そういう言葉をタイトルにした記事や書籍がたくさん出て、並行して「自己肯定感をあげるセミナー」などのようなものもたくさん催されている。婚活業界でも「モテるための自己肯定感のあげ方」などと打ち出して集客しているところもある。

同時に、あまりに有象無象が使い過ぎたことで「自己肯定感」という言葉の意味が勘違いされてきているという懸念がある。

一番多いのが「自己肯定感」と「自己有能感」の混同である。

自己有能感（自己有用感ともいう）とは、自分が有能・有用だと思える感情のことで、他者との関係で、自分の存在が誰かの役に立っている、貢献していると認識できる時に起きる感情である。

一方、「自己肯定感」とは「自尊心」ともいうが、自分の存在の意義や意味を自分自身で信じられる感情のことである。

どこがどう違うのか？と思う人もいるかもしれないが、自己有能感とは基準が他者や社会という自分の外部にあるのに対して、自己肯定感とは基準は自分の内面にあるという点が大きく違う。

また「自尊心」と「プライド」はまったく違うので注意が必要である。むしろ、自己肯定感のない人ほどやたら高いプライドという鎧で自分を守ろうとする。

自己肯定感を自己有能感と混同している人は、あくまで他者の評価を気にする。他者から賞賛されたり、いいねをたくさんもらったり、偏差値だったり給料の額だったり、乗ってるクルマや着ている服、持っている時計の金額だったり…。そういうもので満足を得ているのは自己有能感が高い人であって、自己肯定しているとは限らない。

もちろん、自己有能感が高い人ほど自己肯定感もあるという相関はある。しかし、上記の意味の違いを把握しているならいいのだが、混同している人がはまりやすい危険な落とし穴がある。

それは**「有能ではない自分は肯定できなくなる」**ということだ。

試験の成績が悪かった、希望の会社に落ちた、給料が平均と比べて低い、フラれた…など何か失敗やしくじりをするたびに「ああ、自分は有能ではない」と感じると同時に「こんな無能な自分は嫌だ」と自己否定につながってしまう。

未婚男性の自己肯定感が低いのはまさにそんなところに原因があるのではないか。

事実、既婚者は「有能ではないけど自己肯定感がある人が多い」のに対し、未婚男女は、「有能であると感じる人しか自己肯定感を感じられない」という傾向が顕著である。

もちろん、個別に見ればそれぞれ違うし、未婚と既婚と単純に一括りにはできないが、大まかな傾向としてとらえていただきたい。

本来、有能であることと自分を認めることとは別である。もっといえば、自分の評価を他人の評価に依存してどうする？という話である。にもかかわらず、他人の評価でしか自分自身を感じられなくなってしまう危険性は多くの人に内在している。そうなってしまうと、もはや自分自身を見失っている人にもなりかねない。

承認欲求には男女差がある

ところで、読者のみなさんは自撮りの写真を撮るだろうか？

撮る人、撮らない人、さまざまだと思うが、女性と男性のインスタグラムを比較すると、おもしろい違いが見える。

女性のインスタには、どこに行ったとしても、何を食べたとしても、必ず自分が写っているものが多い。それは、顔とは限らず、手や足だけの場合もあるが、どこかに必ず自分をフレームの中に写しこむ傾向がある。

一方、男性はどうだろうか？ラーメン二郎のメガ盛り写真のような自分が食べた物や、神社や城郭、廃墟など自分が行った場所、車やバイクなど自分の趣味や愛用品の写真が多いが、一切自分の姿が入っていない。

笑顔でピースサインしている写真はほぼなく、もっといえば、人を写した写真も少ないのが特徴だ。おじさんはフェイスブックで空港の写真ばかりあげている。

これは、**女性は「写真の中にいる自分」を承認してほしいのに対し、男性は、「自分の行動」を認めてほしいからだ。つまり、女性が承認してほしいのは自分そのものであり、男性が承認してほしいのは自分の成し遂げた仕事であるということである。**さしずめ、女性は「Look at me」であり、男性は「Look at this」というところだろう。

これはある意味、男性が特に「自己有能感」に支配されていて、「何かを成し遂げていない自分は否定しがち」という自己肯定感のなさとも合致する。何かを成し遂げた自分は誇らしげに自慢したい反面、何も成し遂げていない、単なる日常の自分自身は無意識に卑下してしまうのだ。

そのためか、男性の多くは、何か特別な達成でもない限り写真に自分の姿を入れたがらない。また、女性に比べて自撮りもしない。人知れず自撮りをしているかもしれないが、そもそも、自撮りに限らず、自分の写真の顔があまり好きではない。

なぜ、自分の顔なのに写真の自分の顔が嫌いなのだろう?

実は、「自分の写真が嫌い」ということと自己肯定感とは相関がある。

自己肯定感が「あり」群と「なし」群とで分けて、「自分の写真が嫌い」かどうかを比較したものが図4－2のグラフである。


単純に未既婚の比較では自己肯定感は既婚の方が「あり」が多いのだが、自己肯定の高い群に限れば、大体50％で未既婚年代に違いはない。つまり「好き」という割合が半分いることになる。一方で、自己肯定の低い群では全体的に「嫌い」の割合が高くなる。既婚男女でも、自己肯定感「なし」群に限ると未婚者と同等に「自分の写真が嫌い」が多くなる。

これは別に、男性の容姿の造作の問題ではない。傍から見て「イケメン」の部類に入る男性の中にも「自分の顔が嫌い」という人はいるし、逆に「そうでもない」容姿でも「自

図4-2 自己肯定感有無別「自分の写真が嫌い」率

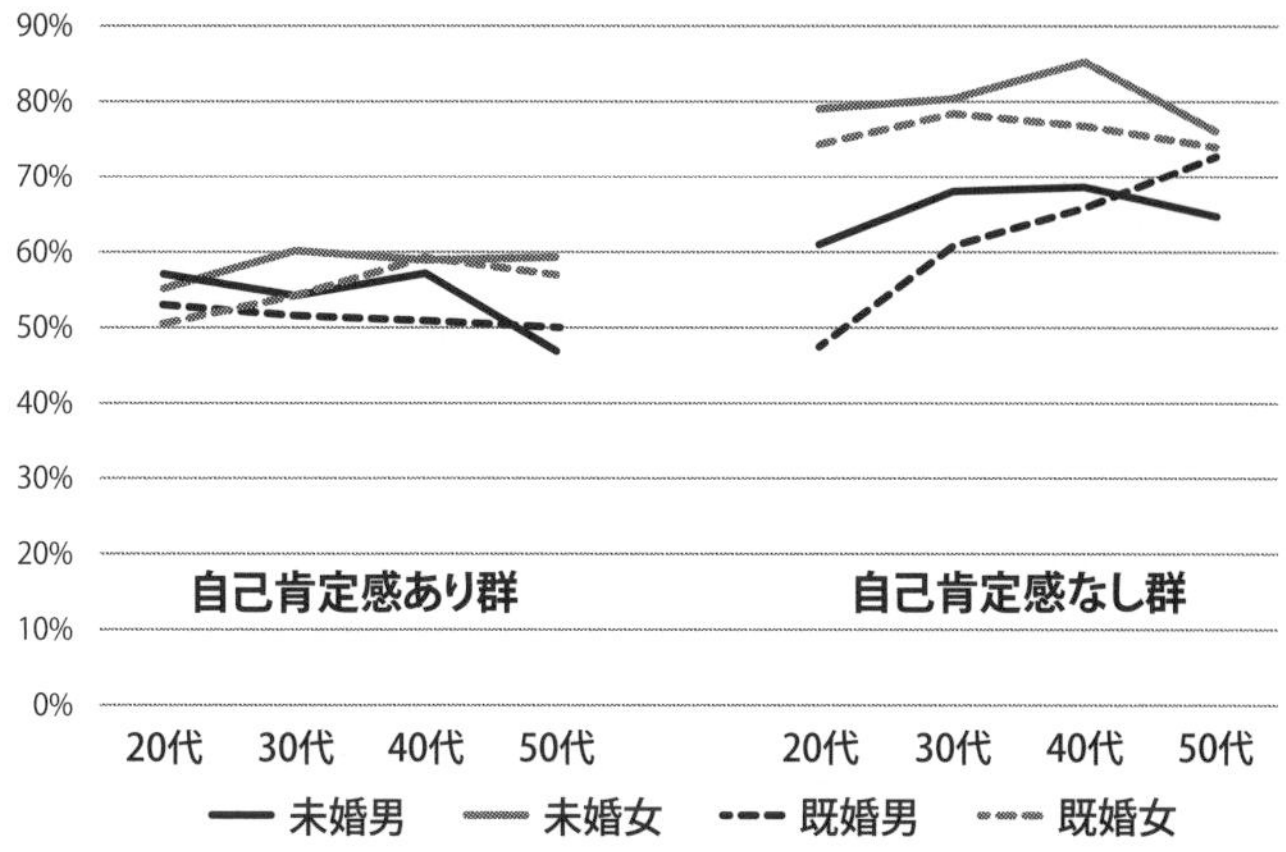

2018年一都三県20-50代未既婚男女（n26452）より荒川和久作成。無断転載禁止。

分の顔が嫌いではない」人も多数いる。「自分の写真が嫌い」と感じるのは、容姿の良し悪しではなく、「自分の写真の顔にあなたが慣れていない」からだ。

そうはいっても、自分の顔なんだから、毎日見ているはずである。男であっても、歯磨きや髭剃り時に鏡で確認するだろう。

しかし、鏡に映った自分の顔は左右反対だ。人間の顔は左右対称ではないため、写真の顔とは微妙に違う。見慣れた鏡の顔とは、左右反転しているため違和感を生じるのだ。「鏡の前の自分はそこそこだと思うのに、何で写真の自分はイケてないのだろう」と感じている人もいるのではないだろうか。これは、より見慣れた鏡の自分の顔の方に好意を感じてしまう心理効果である。これをザイオンス効果(単純接触効果)という。ザイオンス効果とは、1968年に、アメリカの心理学者ロバート・ザイオンスが発表した心理現象のことである。同じ人や物に接する回数が増えるほど、その対象に対して好印象を持つようになる効果のことである。

これは、音楽にも当てはまる。「音楽は聞かせれば聞かせるほど好きになる」と言われる。だから、かつて音楽CD全盛期は、新曲のプロモーションとしてCMのタイアップが盛んだった。接触機会が増えれば、無意識に好きになってしまうためだ。

当然、恋愛感情にもザイオンス効果はある。最初、何とも思っていない相手でも職場などで毎日顔を合わせているうちに好きになってしまうのもそのひとつである。

このザイオンス効果を自分の顔にも当てはめてみればいい。

私は以前より独身男女の方々に「90日自撮りチャレンジ」というものを推奨している。毎日必ず1枚自分の顔写真をスマホで撮って、それを90日間続けるというものだ。別にSNSにアップする必要はない。自分のスマホのタイムラインに並べて、たまに見るだけでいい。

90日という日数に意味があるわけではない。ある一定期間、毎日継続して習慣化をすることが大事なのである。一定期間継続実行し、その写真を眺めていくうちに、少なくとも自分の写真が嫌いという意識は薄れていくはずである。

だからといって、それは別に顔の造作が劇的に変わっていくわけではない。ただ、やっているうちに写真の撮り方も工夫をするようになり、上手にはなるだろう。最初は仏頂面だった表情もやがては豊かになり、笑顔も増えていくだろう。

その一番大きな理由は、自分の顔を見慣れるからである。「まあ、こんなもんだ」と認められるようになるからである。欠落とは、自分で自分の認識が足りないことなのだ。

せっかくなので、自撮り以外にも自己肯定感を高められる方法も紹介しよう。

道を歩いていると、独り言のようにずっと「この野郎、バカ野郎、ボケが、カスが」と言い続けているおじさんがいる。テレビを見ながらずっと画面に文句を言う高齢者もいる。

このように、悪口などを口に出していると、どういうことが起きるか。人間の脳は口に出された言語を自分の耳で聞いた時に、それは自分が言われた言葉だと勘違いする。そのため、罵詈雑言を発していると、脳は自分が罵倒されてると感じ、より一層ネガティブな感情になっていくのだ。人を罵倒しているつもりが、結果的に自分を罵倒していることになる。**悪口を言う人の人相が悪くなるのは、自分の発した悪口のせいなのである。**

逆に、赤ちゃんがいる家庭の人、お母さんとかお父さんなど自然と赤ちゃん言葉になっていたりする。「ハイ、ヨクデキマシタネー」など声のトーンも高くなり、何かできると「ハイ、ウレシイネー」などと赤ちゃんの気持ちを代弁する言葉を使う。これは、自分が褒められているのと一緒なのである。口に出して、人を褒めるという行動によって、脳は自分が褒められていると勘違いする。赤ちゃんではなくても、ペットを飼っている場合でも同様のことが起きる。

言霊というのもそういうことである。スポーツ選手が「俺はできる」と言い続けているのには、そういう自己暗示的な効果があるのだ。

音ではなくても、たとえば、口角を無理やりあげてみてほしい。口角があがっているということは笑っている状態である。決して本当に笑ってなどいなくても、楽しい気分ではなくても、口角があがっているだけで脳は「今自分は楽しいのだ」と勘違いしてくれる。「笑う角には福来る」とはまさにそういうことで、いつも笑顔の人が幸福そうなのはそういうことである。

自己肯定はそんな行動によっていくらでも感じられるものなのである。

とはいえ、「自分は不幸だ」「自分が好きになれない」と思い込む人は中年未婚男性に限らず多い。そして、その「欠落感」を埋めるべく、彼らは代償行動として無意識な消費行動をとっている。

第3章で、未婚男性の食費が多いという話をしたが、なぜ彼らが食費にお金をかけるかというと、食事が不幸を抱える彼らの代償行動になるからである。不幸感と食事がどう関係するのか、と思うかもしれないが、糖質は、手っ取り早く興奮物質（ドーパミン）を分泌できるからである。

砂糖・塩・油の多い食物をとると、瞬時に脳のドーパミンが分泌され、その興奮によって幸せ感を得られる。しかし、即効性はあっても持続性がないのでまたすぐ欲しくなる。そうしていいわば依存的な習慣になってしまう。ストレスがたまった時に、食べ過ぎて太ってしまったことなどは経験者も多いのではないだろうか。

ここでひとつ、特に単身男性のお菓子類にまつわる買い物の特徴を述べる。スイーツやポテトチップスなどは当然糖質が多い食品で、食べ過ぎは身体に悪いのは明白だ。普段の食事も外食中心の上に、お菓子を間食してしまえば、これは生活習慣病の危険さえ伴う。しかし、彼らはポテトチップスを買うことをやめない。好きな物をやめるという選択肢はないのだ。なぜなら、それこそが欠落感の穴埋め行動そのものだからだ。
しかし、健康に悪いことはわかっている。だから、彼らはポテトチップスを買うのに加えて、プラスでトクホ茶を買うのだ。これが**プラスオン消費というものである。食べたい物を我慢しない。そのかわり、それを中和させてくれる（と信じさせてくれる）物を買うことで納得する**のである。

この特徴を理解しないと、彼らのダイエット需要もつかめない。糖質ゼロとかカロリーゼロの「なくす方向」ばかりにシフトしているが、本来彼らは我慢したくない。思う存分、ポテトチップスを食べてもそれを中和してくれる何かがあるのであれば、それもあわせてプラスで買ってくれる。そんな食品の開発を彼らは心待ちにしているだろう。

「いやいや、だったらジムでも行って運動しろよ」と言いたい人もいるかもしれない。しかし、それができるならとっくにやっている。

彼らの「欠落感」をもう少し紐解いていくと、それは、「自分は何も達成していないんじゃないか」「自分はどこにも属してないんじゃないか」という不安に基づく。未達成による欠落とは「お金を稼いでいない」とか「恋愛相手がいない」というもので、未所属による欠落とは「愛すべき家族がいない」「友達がいない」などである。

未達成や未所属による不安は、どんどん暗闇に落ちて行ってしまうような恐怖に変わる。そこから逃れようと、彼らは代償行為の消費によって、仮の達成、仮の所属を得ようとするのだ。仮の幸福である。

「お金を払って幸福感を得ようなんてなんて哀れな人たちだ」と思うだろうか？

しかし、これは良し悪しの問題ではなく、彼らの消費の背景にはこういう感情が存在するのだと認識することが重要である。

買い物をしてモノを所有することが目的ではなく、どこか旅行などに行って体験を得ることが目的なのでなく、**所有や体験は彼らの奥底にある「欠落感」を埋めるための手段として消費をするのである。これが私の言う「エモ消費」という概念である。**

○「モノ消費」「コト消費」とは？

「エモ消費」の話の前に、すでにある「モノ消費」「コト消費」について説明しておこう。

モノ消費とは、それを所有することに価値のある消費で、コト消費とはそれを体験することに価値を求める消費のことだ。勘違いが多いのだが、「モノ消費からコト消費へ」という流れは決して最近の概念ではなく、もう20年以上も前の２０００年頃から提唱されていたものである。

かつての高度経済成長期は、大量生産・大量消費の時代だった。「三種の神器」といわれた商品だけではなく、あらゆる消費において同じような商品を統一性・標準性の基軸によって大衆が買い求めた。それは、みんなと同じモノを所有することそれ自体に価値があったからだ。これが「モノ消費」の時代である。

その後、モノ消費はみんなと同じモノを持つのではなく、ある種の自己表現のために所有するモノを選ぶ時代へと移行する。どんな家に住み、どんなクルマに乗っているのか、どんなブランド品を持っているのか、というのはある意味ひとつの自己表現でもあった。

それが１９９０年代後半以降、携帯電話やネットの普及に伴い、所有するモノで自己表現する消費から徐々にコミュニケーションのための消費という形へ変化していく。いわゆる「コト消費」といわれる体験価値の時代になる。

体験価値というと、旅行やテーマパークなどの非日常体験をイメージする方も多いが、決してそうではない。**消費の目的がモノの所有から、その使用によって得られる体験価値へとシフトしていったという意味である。**体験価値でもあり使用価値だ。

同じモノを所有していることで安心を得られたモノ消費から、同じ体験をしたことが安心になるコト消費に変わり、消費を通じて人々は互いのコミュニケーションに活用していった。

ちなみにコト消費とは、SNSの普及によって広まったという間違いを言う識者がいるが、「コト消費」がいわれるようになったのは最近ではない。私がその概念に最初に触れたのは、2000年に出版されたバーンド・H．シュミット氏による『経験価値マーケティング』（ダイヤモンド社）であった。シュミットは、「自分たちのライフスタイルに関連付けることができ、経験価値を提供してくれる製品やコミュニケーションこそ顧客に届く」としている。まだネットの世界がそれほど普及していない時代の話である。

シュミットの定義した経験価値とは、「SENSE：感覚的経験価値」、「FEEL：情緒的経験価値」、「THINK：創造的・認知的経験価値」、「ACT：肉体的経験価値とライフスタイル全般」、「RELATE：準拠集団や文化との関連づけ」の5つのモジュールに分類でき、これらを総合的に使用して、ブランドを構築するべきとしていた。この内容は当時衝撃的なものだった。これはモノの価値を否定しているわけではなく、モノ単体に価値があるのは当たり前で、それにどれだけ経験という付加価値を付けられるかという話だ。

思えば、「モノ消費」の時代は、「みんなと同じように、家を買って。テレビを買って、クルマを買えば幸せだった。それで自分自身、何の疑問もなく、そういうふうにみんなが思えた時代」だったわけだが、「コト消費」に移行したのは、モノを所有するだけでは何か足りないと思うようになったからである。しかし、ここでも統一性・標準性の規範は根強く生きていて、「みんなと同じように、ディズニーランドに行きたい、海外旅行に行きたい、大ヒットしたあの映画を観たい、みんなが知っているアレを自分も体験したい」というようなものである。同時に、ここから独自性のような特徴を求める傾向も見られ「他の人がやっていないことを体験したい、他の人に先駆けて体験したい」という者も出てくる。そして、**次は「モノもコトも満たされたのに何か足りない」と感じるようになる**のである。

そうした背景にあるのは社会構造の変化であることまでは大前提としておさえておかないといけないだろう。社会構造とは、消費のみならず人間が生きていく上での環境そのものである。

社会学者ベックやバウマンが予言した通り、社会の個人化は進んでいる。それは、未婚化や非婚化という問題だけではない。共同体（コミュニティ）そのものが大きく変わっている。かつて人々の安心の居場所だった地域や職場といったコミュニティは、すでに消滅しつつある。少なくとも都市部では地域コミュニティがなくなっている。家族同然だった職場も今ではそんな面影もない。コミュニティの最少単位である家族ですら、昭和の頃のような「夕食は一家揃って」などという団らん風景は失われている。

未婚率の上昇、単身世帯の増加、結婚しても子を産まない夫婦の増加、隣近所とは交流すらない社会への移行は「個人化する社会」と呼ばれ、バウマンは安定した「ソリッド社会」から流動的な「リキッド社会」に変わると喝破している。そして、事実その通りになっている。

そうした社会の変化にあわせて、当然の帰結として消費の個人化も進む。

そもそも、もはや「買いたいモノがない」時代になっているというのもある。生活上に必要なモノは大抵揃っているし、本当に買う必要のあるものはなくなりつつある。

たとえば、「これからは単身世帯が4割になる」からといって、「これからはテレビや冷蔵庫や家電などは一家に一台ではなく、一人に一台の時代がくる」と勘違いする人がいる。それは、昭和の「三種の神器」神話が違う形態で継続したものに過ぎない。そういう期待を家電メーカーが持ちたいという気持ちはわかるが、そんなことにはならない。

よく「若者のテレビ離れ」などといわれる。個人視聴率をとっても若者世代の視聴率は低迷する。だから、テレビのコンテンツが高齢者向けのものばかりになって、ますます若者離れが進むという悪循環に陥っているのであるが、実際若者がテレビ番組を見ていないかというとそうでもない。

今はリアルタイムに番組が始まる時間にテレビの前にいなくても、録画もできるし、ネットで後追いで視聴も可能である。ツイッターなどでトレンド入りして話題になっているものだけを、後で視聴するという形態もある。そういう**視聴形態そのものの変化を見落としてはいけないのだ。「テレビ離れ」ではなく「テレビというハード離れ」なのだ。**テレビという受像機を買わなくても、今はテレビ番組が視聴可能だ。別に、一人暮らしの部屋で一人で観るなら大きな画面なんて不要なのである。むしろ手元のスマホで観れる方が都合がよい。

そうなってくると「テレビ番組というソフトを見るためにテレビというハードを買った」という物語が成立しなくなる。一家に一台から一人に一台どころか、誰もテレビというハードを買わない時代がくるかもしれないのだ。テレビに関しては、「送り手の都合による決まった時間に観る押し付け」離れでもある。客の時間を管理することはもっとも嫌われる。

冷蔵庫なども同様である。自炊することのない一人暮らしにとって、冷蔵庫は常に空っぽである場合も多い。ほんの数分でコンビニがある環境においてはもはや「お店が冷蔵庫」なのであり、わざわざ部屋に置く必要もない。

社会構造が変わり、消費構造が変わるということはそういうことである。かつて必要だったものが不要になる場合がある。逆にいえば、かつて買う価値のなかったものが生活において重要な意味を持ってくることもあるかもしれない。

物理的に、4人世帯が単身世帯になるという状態だけを見るのではなく、そうして環境が変わった時に、消費行動をする人たちの「心の状態」がどう変化するのか、という点を見逃してはならないだろう。そんな彼らに、みんなが同じモノを揃え、同じコトをする昭和型の「標準性・統一性」訴求を続けてもそれこそ意味はないのである。

同時に、心得ておきたいのは、「買いたいモノがない」という嘆きの中には、必要か不要かという観点だけではなく、「知っているけど買わない・好きだけれど買わない」という現象も強くなっている。

かつて、AIDMA理論でいえば、認知度や好意度さえ高めれば買ってくれるという方程式があった。自己肯定感のところでザイオンス効果は使えるという話をしたが、確かに認知度が高まれば好意度が増すという心理効果はある。好意度醸成までは今でも広告の大量投下などで効果はあるのは間違いない。しかし、極論すれば、認知度100%、好意度100%になっても、その商品は買わないという現象も起きるのだ。

長年販売されてきた商品が「販売終了」のようなニュースがたまに報じられる。長年販売されてきただけに当然認知度も好意度も高い。案の定、「好きだったのに、やめないでほしい」という声がネットで話題になるが、そういう書き込みをしている人たちが「買っていないから終了」するのである。メーカーの人たちからすれば「好きならばなぜ買わない」と言いたいところだろうが、「買う気持ちにならない」だけのことである。**売り手は「知れば、好きになれば買うはず」というのがもう幻想なのかもしれないと気づくべきだろう。**

「よく知っているけど、嫌いじゃないけど、むしろ昔は好きだったけれど…」。ソロ層にとってそれだけでは買う気持ちにならない。その商品を買うことでは、自分の心の欠落は埋まらないので買わないのである。

「モノ」や「コト」だけでは満たされない人々が、次に求めるのが「エモ消費」なのである。

○エモ消費という概念

エモとは、エモーショナルの略で、わかりやすく言えば「感情消費」と言ったらいいだろうか。感情を消費するのではなく、消費によって自己の感情を満たすということだ。「エモい」という言葉がある。「何となく心が動いた時に」使う言葉だ。語源としては1980年代から音楽用語のひとつとして使われていた古いものであるが、メディアアーティストの落合陽一さんがツイッターなどで使いだして広まった。落合さんの定義がまた的を射ている。彼によれば、「エモい」とは「ロジカルの対極にあるもの」であり、古語にある「もののあはれ」に近い感情のことを指す。「うまく言葉では表現できないけれどなんかいい」というようなものだ。ちなみに、ネット上では「エモい」とは「えもいわれぬ」という古語の略だという書き込みもあったが、本来の語源ではないが、これもなかなかの解釈である。

つまり、**消費の目的が、モノを持つことでも体験することでもなく、自分たちの「精神的な安定や充足」にシフトしていったものがエモ消費なのだ。**所有価値でもなければ、体験価値でもない、それらは手段としてのパーツに過ぎず、それを通じて得られる「精神価値」に重心が移行していった。これは、群から個の消費の比重が高まるソロ社会化において重要な視点となる。なぜなら、心の欠落を多く感じているのが、ソロたちだからである。

人間としての根源的な欲求の中には、承認欲求と達成欲求がある。この欲求は、帰属欲求に紐づくもので、仕事のみならず家族生活でも感じられるものだが、ソロには配偶者も子どももいない。家族が得られる「家族によってもたらされる日常的な幸せ」は物理的に感じようがないのだ。あわせて、根強い社会の結婚規範によって、ソロは『結婚していない状態の自分』に欠落感を感じがちでもある。そうした欠落感を払拭するための代償行為が無意識に消費行動において、「承認」や「達成」という心の満足を求める方向へつながっているのである。つまり、**彼らが買っているのは、モノでもコトでもなく、それを通じて得られる自分自身の幸せでもあるのだ。**

本書をお読みの既婚者の中でも「わかる」と感じてしまう人もいるかもしれない。それは、多分「家族がいても疎外感」を感じているからではないだろうか。

エモ消費の特徴は、「何を買うか」という消費対象が先にあるのではなく、自己肯定や精神的充足という「欠落感の穴埋め」欲求が動因として存在し、そのツールとしてモノやコトが機能していくことになる。消費によって「承認」と「達成」という感情の欲求を満たし、その結果生まれる「刹那の社会的帰属感や社会的役割」という精神的充足感を得るのだ。

「モノ消費」とは、所有価値消費である。「コト消費」とは体験価値消費である。**「エモ消費」とは、大袈裟に言ってしまえば、自身の「存在価値消費」と言っていいかもしれない。**

なぜ彼らがソーシャルゲームの課金をするか、といえば、あれは「疑似出世」に近い。ゲームの中では課金をすればするほど強くなるわけで、強くなれば強くなるほど一緒に遊ぶゲームメンバーの中では、一目置かれる存在になるし、尊敬もされていく。みんなから頼りにされるし、リーダーにもなれるわけだ。たとえ、リアルな世界では出世できていないが、ゲームの世界では課金をすることによって「出世した自分」という立場を手に入れられるのだ。ただし、何事も度が過ぎれば依存症になる。アルコールやギャンブル同様、ゲームやゲーム課金も依存症がある。世界保健機関（ＷＨＯ）は２０１９年、病名や症状を示す「国際疾病分類」に「ゲーム障害」を加え、新たな依存症として認定した。あくまで「疑似」的なものであり、１日の間で費やす時間やかけるお金の額を自分で認識した上で続けてもらいたいものである。

もうひとつ、なぜ彼らがアイドルを応援するのか。今までであれば「疑似恋愛」なのではないかという説が唱えられてきたが、確かにそういう側面の当事者もいないことはないだろう。しかし、恋愛というよりももはや子どもを育てているようなものに近いのではないかと思うのである。「疑似子育て」なのだ。まだ無名で、売れていないアイドルの子に、本当に心から売れてほしいということを願って応援する。それが至上の喜びと化しているアイドルオタクは多いはずだ。

2022年11月に、アイドルグループ「ももいろクローバーZ」の高城れにさんがプロ野球の日本ハム・宇佐見真吾捕手と結婚したが、アイドルの応援が「疑似恋愛」なら、そこで終わってしまうだろう。しかし、結婚してもファンであり続ける、応援し続けるというのはまさに「子育て」の領域に近いのではないかと考える。自分の娘が結婚したからといって応援しない親はいない。

そういう意味では、**アイドルの応援をすることで、結婚したことも子どもを産んだこともない未婚のソロでも、もう子育てしているような「自己の社会的役割」という「エモさ」を実感しているといえる。**だからあんなにお金を払っても、全然もったいないとも思わないのだ。

○幸福を買う？

このように、「エモ消費」とは、消費を通じて得られる自己の社会的役割によって、代替えとしての幸福感を買っているようなものなのである。

消費でしか幸福を得られないなんて、なんて寂しい人たちだと思う人がいるかもしれない。しかし、すべからく消費なんてものはそういうものである。何のために、フェラーリなどの高級車を買うのか、何のために何百万円もする腕時計を買うのか、何のためにヴィトンやエルメスのバッグを買うのか。それもまた、消費を通じての幸福の購入に過ぎない。

そういう意味では、「結婚も消費」である。結婚することで自己の社会的役割は明確になる。結婚は夫、妻、父、母になるための手段である。また、子どもを育てることは、経済的な維持コストを必要とするものの、自分の社会的役割をより確かなものにする。以前の皆婚時代は、結婚が人々のそうした欲求を満たす唯一の手段でもあった。貧しい人ほど結婚によって帰属意識と社会的役割を得て精神的充足が得られたものだ。

それが現代では、もはや「結婚は贅沢な消費」と化した。富裕層を中心とした贅沢品消費のようになってしまった。男性にしてみれば、婚活アプリや結婚相談所で一番に確認されるのは自分の年収である。結婚という買い物をするためにまず「年収いくら以上」という壁が用意されているようなものである。

一方で、結婚しても子育てやら何やらでお金がかかる。一回お金を払ったら終わりという消費ではない。いわば絶対解約のできないサブスクのようなもので、**家族にとって日々の消費行動は、「結婚消費」の一部として含まれているものである。**ソロと家族とでは消費する内容が異なるが、家族の場合、もっともコストがかかるのは「家族の維持」そのものである。

本章前半で、家族の消費は「現状維持消費」で、ソロ消費は「現状変革消費」であると書いたのはそういうことである。同じ「幸福感を買う」のでもOSが違うのである。

「モノ消費からコト消費へ、さらに次なる消費源流が出てきた」という言説は雨後の筍のように多くある。「トキ消費」「ヒト消費」「イミ消費」などというものである。ここでこれらの内容を紹介することは割愛するが、気になった人は検索していただきたい。

しかし、上記どの言説も的は射てはいない。「トキ消費」や「ヒト消費」は対象物が物理的に存在する概念である以上、いわば「モノ消費」の範疇でもあり、「コト消費」の中の一形態であるに過ぎないとしか私には感じられない。提唱したご本人からは異論があるのかもしれないが、私には伝わっていない。

「イミ消費」は、ホットペッパーグルメ外食総研エヴァンジェリストの竹田クニ氏が「変『質』する外食市場〜マーケットの読み方と付加価値の磨き方〜」と題した講演の中で提唱したもので、その中で「同じ物を買うなら、健康維持、環境保全、地域貢献、他者支援、歴史・文化伝承などが付加されているものに価値を感じるようになる」としてそれを「イミ消費」と言っている。今流行りのパーパス経営にも通じるような内容で、かつ「モノやコトではなく、その背景にあるイミなのだ」という観点では、私の言う「エモ消費」に近いものがあるかもしれない。

が、消費に意味が必要なのか。意味のない買い物はしないのだろうか、という疑問がある。そんなことはない。多くの人が「何でこんなの買ったんだっけ」という消費をしているはずである。しかも、そのわからない消費は決して無駄でも無意味でもない。**「エモ消費」とは、意味などなくてもいいのである。「何かよくわかんないけど良いから買う」という、合理性を超越したところにあるものだからだ。**

手段が目的化してしまうことはよくあることだ。もっともわかりやすい例は「お金」である。本来「お金を稼ぎたい」という思いは、「稼いだお金があればああいうことしたい、こういうことしたい」という本来の目的のための手段だったはずだ。しかし、ある程度のお金を稼ぐようになると大抵こう思うようになる。「もっとお金を稼ぎたい」と。

お金とはそもそも何かを消費するための単なる共通言語的なものであり、それは使うためにこそあるわけなのだが、ある程度のお金を稼ぐ目標に到達すると、そのお金を使うことより、それを貯めこむことが目的化してしまう。スマホ上の電子通帳のデジタルの数字があがることだけが目的化してしまうようになる。５００万貯めたら、次は１０００万、その次は1億と…際限がない。手段が目的化してしまうある種の欲望行動である。もちろん、本人は「私がお金を稼ぐのにはかくかくしかじかの目的があって…」と理屈付けするかもしれない。しかし、その目的は一体いつになったら、もっと言えば、一体いくら貯めたらやるのか?という話だ。

そうした人たちは、お金を稼いで貯まっている間は何ひとつ欠落を感じないだろう。欠落を感じないということは不幸ではないのかもしれない。しかし、果たして彼らは幸福なのか。我々は、人間の行動においては、合理的判断では説明のつかないことが山ほどあるという前提を踏まえないといけない。

第5章

環境のお膳立て

○人を動かしているのは意志ではなく感情

人を動かしているのは意志だ、と言う人がいる。「意識が変われば、思考が変わり、行動が変わり、それは習慣となり、結果が変わる」というような格言めいた言葉もある。

西洋哲学では、17世紀以降、デカルトの「我思う、ゆえに我あり」という思想が主流となり、思考や意識や自由意志というものが人間の起点や司令塔であるかのように言われる。私たちは「行動する前に意識、というより意志があるはずだ。意志があって初めて行動を起こすものだ」と信じている。

一見納得しそうになるが、残念ながらこれはただの虚構である。**人間の行動はどれひとつとっても、意志によって一元的に決定などされていない。**

「意志さえあれば行動は変えられる」というのなら、アルコールやギャンブルなどさまざまな依存症は意志によって脱け出せるのだろうか。そんなことはない。アルコール依存症の人の目の前にお酒を置いて「さあ、強い意志でこのお酒を飲まないでおこう」などと言ったところで、何の効果もないだろう。そして、本人は何の自覚もなく、気がついたら目の前の酒を飲んでしまっているだろう。意志ごときで行動は制御できないのである。

アルコールなどの依存症から抜け出すには、強い意志などではなく、「アルコールが存在しない世界」という環境が必要なのだ。その世界ではどこを探しても酒はない。ない物を欲しても仕方がない。「飲まない」ではなく「飲めない」のだからその環境に適応するしかない。その適応の結果が依存症からの脱出なのだ。だから、いったん依存症から抜けても、再び酒のある世界に入ってしまえば元の木阿弥になってしまう者もいる。

「意志さえあれば行動は変えられる」というマッチョ思考の人は、そういう人を「意志の弱い人」と断じる。「行動できないのは本人のやる気の問題だ」と容易に自己責任化しがちだ。

しかし、「やる気」というものも存在しない虚構である。やらないといけないことは、最初は面倒でも、やり始めると気分が乗ってきて作業がはかどるという場合がよくある。そうした行動の結果を脳は「やる気」が出たから…と解釈しているだけであり、**「やる気が出たからやった」のではなく、実は「やったからやる気が出た」に過ぎない。**

東京大学教授で脳研究者の池谷裕二氏は、その著書『脳には妙なクセがある』（扶桑社新書、2013）の中で、「意志は脳から生まれるものではありません。周囲の環境と身体の状況で決まります」と語っている。つまり、意志とは本人の錯覚に過ぎず、実際の私たちの行動の大部分は環境や刺激によって起きるものであり、あるいは本人の習慣によって予め決まっているものなのだ。にもかかわらず、人間は「自分で判断した」と勘違いしているに過ぎないと喝破する。

同様に、我々は楽しいから笑顔になるというより、笑顔になったという身体の行動を脳が読み取るから楽しいと感じるという逆因果になっている。「姿勢を正すと自信が持てる」という現象もある。すべてにおいて意志なんか後付けなのだ。

なぜ、人間は「意志がなければ行動は生まれない」という虚構を信じるのだろうか。

それは「因果関係の推論」といわれるもので、何かが起きた結果に対して、人間はその原因が必ずどこかにあるはずだ、と考えてしまう思考の癖だ。しかし、それは結果から原因を遡っているだけであり、納得したいがために原因を後から理屈付けているだけなのである。よくやりがちなのが、相関と因果の混同だ。相関性が高いからといって必ずしもそこに因果があるとは限らない。にも関わらず、人間は相関があると因果であると思い込みたい。つまり原因追求ではなく、願望なのだ。

ノーベル経済学賞を受賞したアメリカの行動経済学者ダニエル・カーネマンもその著書『ファスト&スロー』（ハヤカワ・ノンフィクション文庫、２０１４）の中でこう言っている。

「感情的な要素が絡んでくると、思考は、直感的な感情を批判するよりも、擁護に回る傾向が強まる。感情の番人ではなく、保証人になってしまう」

つまり、思考があって行動が生まれるのではなく、行動があって思考が生まれ、思考は行動と矛盾しないつじつま合わせをしているに過ぎないのだ。よって「思考が行動を生み、行動が習慣となる」という美しい流れも機能しない。習慣化した行動も、まさに意識なき行動だし、癖もそうだ。

自分の行動は、すべて明確に自分の意志に基づいていると自負するタイプに限って、無意識の習慣や癖を他者から指摘されると不快になる。それは、自分の脳に行動が理屈付け、つじつまを合わせられていないからだ。

つまり、**「感情↓思考↓行動」ではなく「感情↓行動↓思考」なのである。**

まさに、エモ消費とは感情の理屈付けなのである。言い表せないんだけど何かいいよね、という感情をそのままにしておくとモヤモヤしてしまう。そのモヤモヤを払拭するために消費という行動を起こし、行動した事実によって感情の理屈付けをしてるのがエモ消費なのである。

モヤモヤした感情をわかりやすく言語化してくれる人がいると、ものすごく気持ちがいいはずである。読書でも、「こういうことが言いたかったんだけどなぁ」ということをすごくわかりやすく説明してくれる文章に出合うと、「そうそう、ほんとこれ」と共感するはずである。

◯環境と感情と理屈

社会心理学者のジョナサン・ハイトは、そうした心理を「象と象使い」のモチーフで説明している。感情や直観が大きくて強い「象」だとすれば、思考や理性はその上に乗った、小さく弱い「象使い」のようなもの。象使いにもある程度コントロール力はあるが、象が本当にしたいと思えば、象使いの指示など意味を持たなくなる。

しかし、私はハイトの作った「象と象使い」だけではすべてを説明しきれないとも思っている。象が歩く大地がまず重要なのだ。環境である。

私は象に影響を与える「環境」というものを付け足している。象の行動は環境に影響される。あまりに暑かったり、寒かったり、そういう環境の変化によっても、象は象使いの指示などお構いなしに行動してしまうだろう。要するに、最初に生まれる「感情」は「環

社会心理学者のジョナサン・ハイトのモチーフに、荒川和久が加筆して作成。

境」によって左右される。

「感情→行動→思考」とは、より厳密に言えば「環境→感情→行動→思考」となる。

無から感情は生まれない。何らかの外的刺激などの環境要因があってこそ、その反射として初めて感情が芽生える。また、感情が沸き起こっても、物理的・肉体的な環境が不備であれば行動に至らないまま終わってしまうこともある。それくらい環境の力は大きい。

こうした原理をわきまえていないと、大きな間違いを犯す。

「何を言ったか」より「誰が言ったか」が重要といわれる。その次に重要になってくるのは「誰が言ったか」より「誰がどう言ったか」である。たとえば、講演でもプレゼンでもいいのだが、同じ原稿内容でも語る人物が違えば印象は違う。同じ人物でも、その話し方や演出が違えば、受ける印象は全然違うものになるのだ。

それをある意味効果的に活用したのは、その是非はともかく、第二次世界大戦前のドイツのヒトラーである。彼が作ったのは、まず第一に環境であり、感情に訴えて、大衆に後付けの納得を植え付けたのだ。

大学教授の授業が大体において退屈なのは、理屈だけを延々とだらだら話しているからで、そこには何の環境演出も感情喚起もない。デートでわざわざ高いタワーホテルの最上階にある夜景が綺麗なレストランに連れて行くのは、それが環境演出と感情喚起になるからだ。

それくらい、**人間とは環境に依存する生き物なのである**。

よく考えれば当然で、環境に適応できない人間は真っ先に死んでいくだけなのだ。真冬の大雪降る天気の中で、Tシャツ1枚で外出する人間は凍死する。30度を超えるような灼熱の太陽の下に、ダウンジャケットを着て活動していたら熱中症になる。寒ければ上着を着て、暑ければ脱ぐ。当然の行動である。

図5-1 エモ消費のループ構造1 基本形

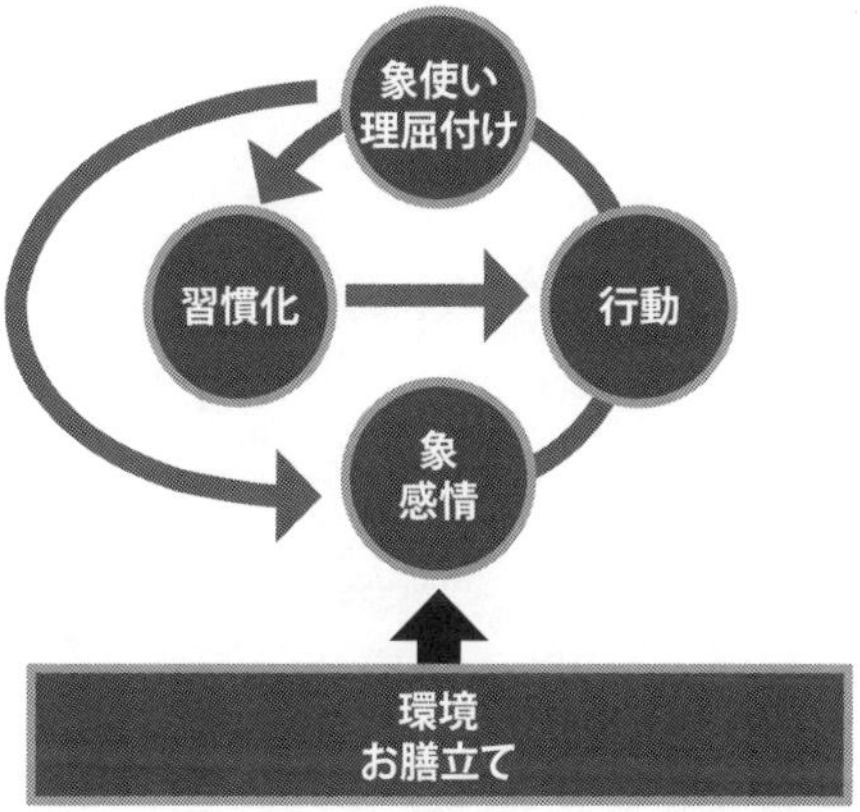

©荒川和久

何が言いたいかというと、**ターゲットに行動させたいのであれば、理屈ではなく、さりとて最初から感情を攻めるのではなく、環境を整えることが先なのである。環境とはお膳立てである。**

エモ消費のループ構造（行動循環）の基本形を図解したものが図5－1である。

起点は、環境であるお膳立てである。それが感情を作り、行動を喚起する。行動することによって、感情の理屈付けを行う。それがしっくりくると安心してその行動は習慣化される。買い物行動でいえば、リピート購入のようなものだ。習慣化行動は自動的に最初の行動とイコールになる場合も

図5-2 エモ消費のループ構造2　消費ループが新たな環境を生成する

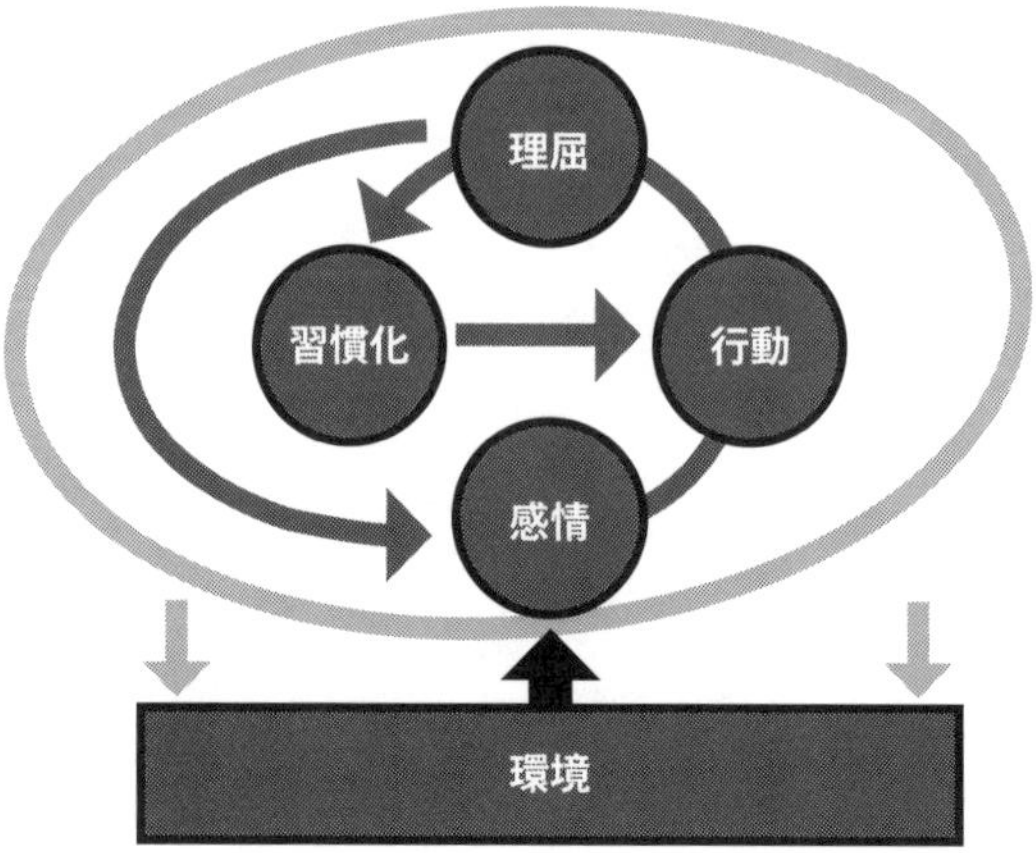

©荒川和久

あるし、習慣化とはある種の無自覚な依存でもあるので、「そうしないと気持ちが悪い」という新たな感情を生み出すことでまたループ構造に組み込まれていく。

こうした循環行動の中で、「感情→行動→理屈付け」という明確な順番行動だけではなく、別の大きなひとつの流れへと発展していく。図5－2のような形である。そうすると、その循環行動は、まるで気流によって積乱雲が発生したかのようになり、雨を降らせる。その雨は環境という大地に降り注ぎ、環境自体にも影響を与えるのだ。自分の循環行動によって無意識に周りに影響を与え、自分が影響を与えたことによって変化した環境を新たなお膳立てとして認識し、別の感情が喚起されていくことになる。

環境というものは自分と無関係なところから提示されるものだけではなく、自分の循環行動が作り出すことがあるのである。

たとえば、コンビニの在庫補充はPOSデータによって管理されている。売れるものはより多く補充され、売れないものはそのうち販売停止となっていくのだが、ある人がコンビニではあまり売れなかったであろう「お新香」を毎日のように、たとえば1日に複数個買い続けたとすると、そのうち店頭には「お新香」が大量に陳列されるようになる。「お新香」好きなその客にとっては、それは欠品がないということでうれしい環境が作られたことになるが、最初の客の循環行動が生み出した環境は、他の客の環境にもなる。他の大量に陳列されて認知面積が広がったことで他の客が「お新香」を買うようになるかもしれない。実は、流行というものは、POSデータなどなかった時代から、そんなことで派生していったものなのだ。

しかし、この循環行動のそれぞれの段階において阻害要因が発生する。どんな上手な環境作りをして、感情を揺さぶったとしても「行動にいかない感情」であればそこまでだ。

図5-3 エモ消費のループ構造3 阻害要因

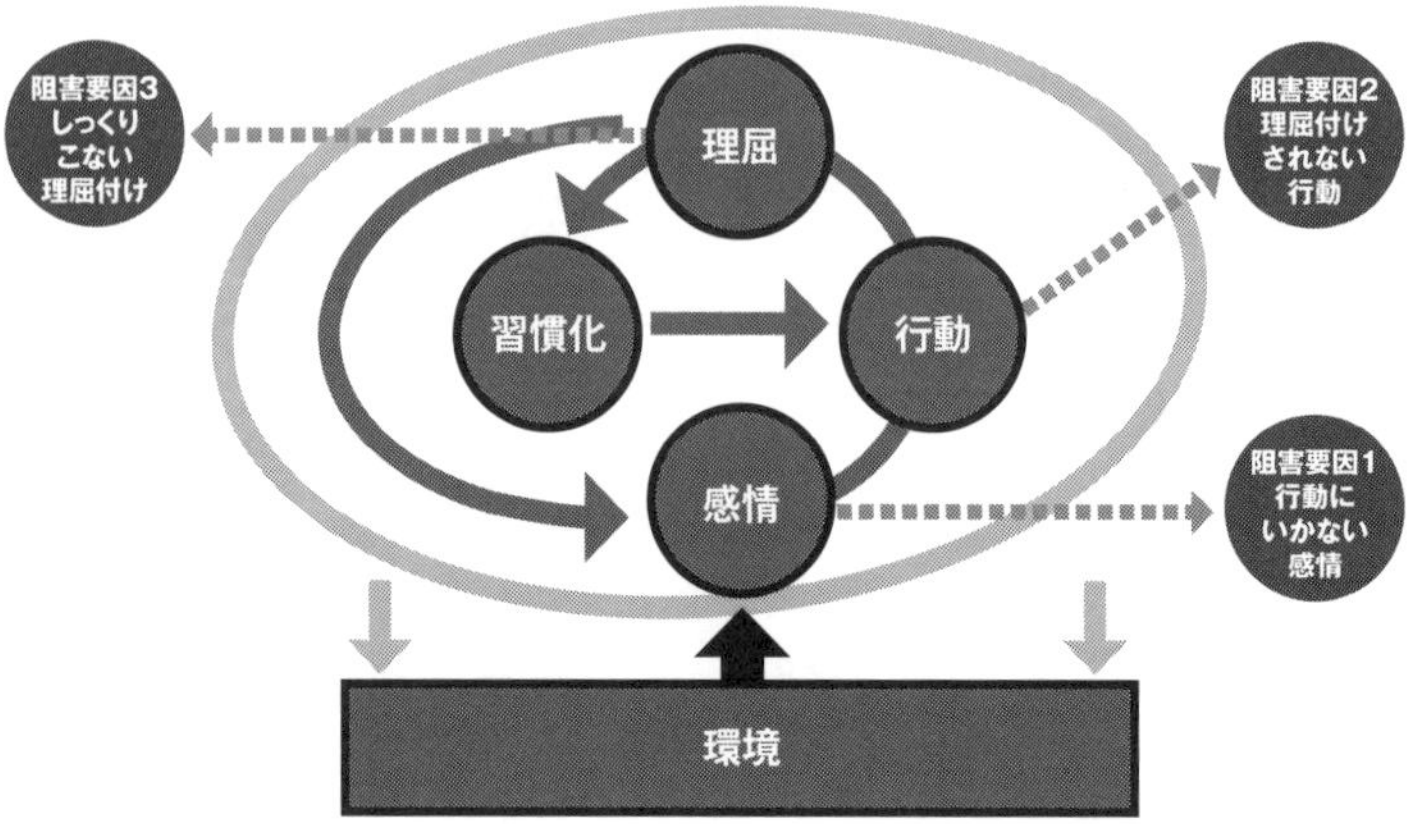

©荒川和久

認知はしたが買わないという現象はここにあたる。次に、行動までいったとしても「理屈付けされない行動」も1回限りで終わってしまう。物珍しさで新商品をとりあえず買ってみたが、それきりになるパターンでもある。さらに理屈付けまでいったとしても、「しっくりこない理屈付け」のままだと、やがて離れていってしまう。ファンの推し変、鞍替えみたいなものはここにあたる。

ただ、この阻害要因も新たな切り口の環境を生み出すためのヒントにもなる。この阻害要因は決して無駄ではない。エモ消費の循環構造はすべて、次の環境を作り出すための雨となって降り注ぐのである。

それぞれの段階においても丁寧な仕掛けは必要だが、まず何より最初が肝心である。環境であるお膳立てをどう考えるかが鍵になってくる。

お膳立て理論

お膳立てのわかりやすい例でいえば、行動経済学の教科書で必ず出てくる「ナッジ」というものがある。「ひじで軽くつっつく」という意味だが、行動のきっかけのための環境作りのことである。

有名な事例を紹介する。

「公園にゴミを捨てないでください」と言われても素直に守る人ばかりではない。大体において古今東西禁止令というものは守られない。日本の昔話でいえば「見るなの禁」というのがあるが、「鶴の恩返し」や「うぐいすの里」でも出てくるように、「見ないで」と言われれば必ず見てしまうものである。

道徳的に説かれても、たとえ、罰則があったとしても、人間は禁止令を守れるようにはできていない。むしろ「ゴミを捨てるな」という看板の下にゴミが捨てられる光景などよく見るだろう。

ゴミを捨てさせたくないのであれば、捨てる行動をしないような感情を喚起すればよいのである。

ナイキがやったのは、ゴミ箱の上に、ナイキのロゴの入ったボードを1枚立てかけただけである。そう、ゴミ箱をバスケットボールのゴールのように見立てたのだ。

そうするとどうなるか。人々は、ゴミをゴールとしてのゴミ箱に入れることを楽しむようになる。ちょうどスリーポイントシュートのように遊ぶ。入らなければ入るまでやる人もいるだろう。ゴミを持っていなければ、探してまでわざわざシュートを決める者もいるかもしれない。結果、「ゴミを捨てるな」などとはひと言も言っていないのに、その公園からはゴミが消えたそうである。

同様に、タバコの吸い殻のポイ捨てに関してもなかなか一掃されないと悩む場合もあるだろう。

ここで紹介するのは、タバコの吸い殻を投票券に見立て、人々が関心のある内容、たとえば、「ロナウドとメッシ、どっちが最高のサッカー選手か？」という投票箱をゴミ箱にした事例である。

これもナイキのゴミ箱同様、メッシのファンならメッシを勝たせたいために、メッシの側に吸い殻を入れるようになる。自分が吸ったものではない、捨てられたものまで拾って入れるようになる。結果、公園から吸い殻が消えるのである。

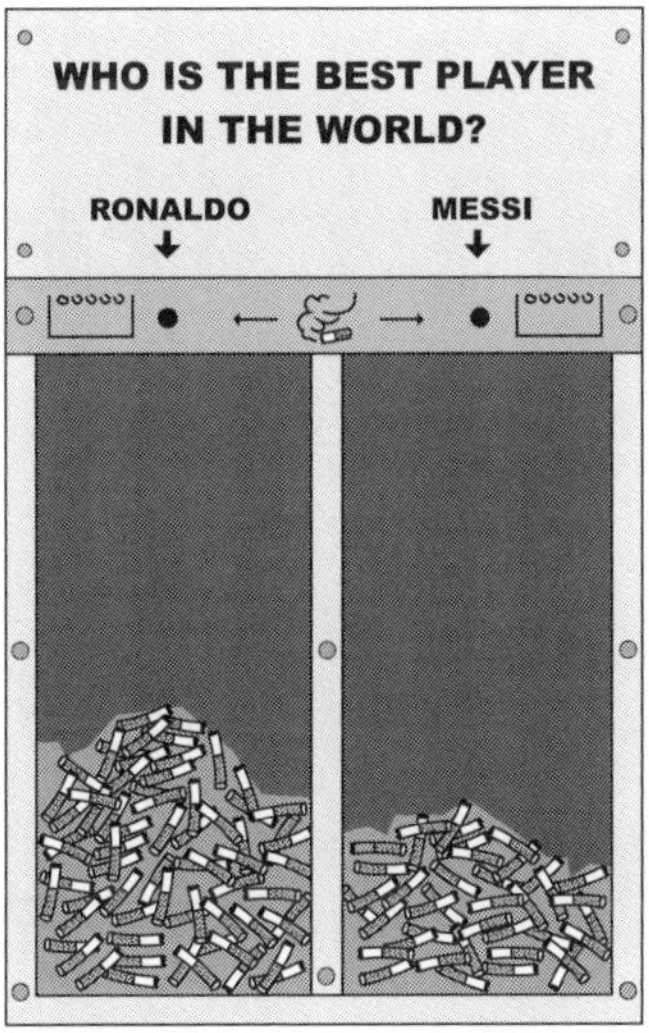

ターゲットにやらせたい行動があった時に、どういうふうにしたら、その人がその行動をした時にちょっとだけいい気分になるか、ということがポイントである。ゴミを拾うことが道徳的にいいから、気分がよくなるというのは理屈っぽい訴求なわけである。それでは人は動かない。

シュートが決まれば、投票で自分の推

しが勝てば、いい気分になるわけだ。「だって俺、メッシの方が上だと思っている。でも、メッシ負けてんじゃねえかよ、メッシ側に吸い殻入れるか」と思うのである。彼らにとってはゴミを拾うことは何の幸せなことにもならないが、メッシに投票することは幸せなのだ。

私の言うお膳立てとは、まさにこういうことで、買ってください、好きになってくださいという売り手側の勝手な都合を押し付けるのではなく、**彼ら（お客様）がどういう行動をしたら気持ちいいか、行動することで彼らにどんな感情的な「得」があるのかを提示することが大事なのである。**街をきれいにするために協力してくださいなどとはひと言も言っていないわけだが、それは行動の結果として実現されている。

無論、彼らもバカではない。見た人は、「あっ、こうやってゴミ拾いさせるつもりだな」と見透かしている。でも、見透かした上で乗ってやろうじゃないかと思って参加しているのだ。ウィンウィンの関係性を作れるのである。

○「面倒くさい」を価値化する

独身、一人暮らしの男性に顕著な傾向に「3M思考」というものがある。「無理・無駄・面倒くさい」という3つのMのことを指す。エモ消費のループ構造の中で阻害要因となっていたものはこれらで、行動をとめたり、感情を否定したり、習慣化をやめてしまう時に持ちだす理屈付けの最終兵器と呼べるものである。「だって無理だから・どうせ無駄だから・でも面倒くさいから」。行動をやめるのにこんなに都合のいい言葉はない。そして、この言葉でいったん理屈付けがされてしまうとそれを覆すのは容易ではない。

特に、やっかいなのが「面等くさい」である。

無理や無駄はまだ理屈で何とか覆せる余地はある。数字などを使って「こうすれば無理じゃないですよ」「これなら無駄になりませんよ」と説得することは不可能ではないが、「面倒くさい」はもう問答無用なのである。何か説明しようとしても「その説明を聞くことすら面倒くさい」と言われて終わりだ。

そう言われると、「いかに面倒くさいと思わせないようにするか」が重要だと思うかもしれない。ネーミングならシンプルにしなきゃいけないとか、訴求ポイントはわかりやすくしなきゃいけないと考えてしまうのだが、実はそうではない。

もちろん、シンプルにわかりやすく訴求できるなら構わないが、むしろ「面倒くさい」

と思われるポイントこそ価値だと考えた方がいい。

たとえば、掃除。「掃除しなさい」と言ったところで「面倒くさい」と言われておしまいなのは、子育てをした世の親なら大体経験済みだと思うが、「掃除しなさい」と言って掃除するくらいならとっくに掃除している。かといって「掃除しなければ夕飯抜き」と罰則をつけたところで効果はない。

実際、一人暮らしの独身男性に限らず、女性でもゴミや服が散乱した状態の「汚部屋」で暮らす例はあるが、「こんな汚い部屋でよく平気だね」と責めても無意味である。大抵「気にならない」と返ってくるだろう。しかし、それもまた、実態が汚いのだから、気にならないようにしようという感情の理屈付けなのである。誰かがきれいに掃除してくれた部屋になればそれは快適なはずなのだ。セルフネグレクトは部屋の散乱から始まるともいわれているので、部屋は常にきれいに整理しておいた方がいいのだが、だからといって「部屋が汚いと人生終わるよ」などと恐怖訴求をしても効き目はない。そんなことで覆るほど「面倒くさい」はヤワではない。

ナッジ理論で学習したように、発想の転換が必要だ。

本人が掃除をすることが「面倒くさい」なら、本人が掃除をしなくても部屋がきれいなままならいいのだ。目的は「本人に掃除をさせること」ではなく「部屋をきれいなままにキープしておく」ことであるととらえるなら、やり方は変わる。「掃除をするのが面倒くさいのであれば、あなたが掃除をしなくても部屋はきれいなままで気分がいいよ」という訴求をすればいいという発想だ。つまり「お掃除ロボット」である。

「面倒くさい」と言われると、行動させるために「面倒くさい」という感情を払拭させようとするが、**「面倒くさい」という感情を尊重して、「行動しない行動」を「消費によって解決」すればいいという方向である。行動には無行動も含まれるのだ。行動しないという行動を正当化してくれるので本人にしてみれば「何かいい」となるだろう。「面倒くさい」ということを価値だと考えた時に、こうすればそれを消費によって解決できますよという提示ができるかがカギになる。**

まさにこれが視点と視座の転換である。

もうひとつ言えば「お掃除ロボット」を独身者に買わせようとするとそこにもハードルがある。「別に俺はいらないよ」と断られてしまう。であるならば買わせる相手は部屋の住人ではなくマンションやアパートのオーナーであるという視点の転換も可能である。

今でこそ、エアコンや温水洗浄便座付きトイレは当たり前に部屋についているが、昭和のアパートにはそんなものはついていなかった。それと同じように、お掃除ロボットも備え付きという当たり前を作ってしまうのである。お掃除ロボットではなく、掃除サービスでもいいかもしれない。ポイントは、それが付加費用になるのではなく、部屋代にインクルードであるという訴求ができればいい。付加価値にしてしまうと「それいらないから安くして」になってしまうからだ。

これが、環境作りというものでもある。

独身の「3M思考」をネガティブなものとしてとらえるのではなく、商売の機会がここに埋まってるのであり、解決する課題ではなく、チャンスなのだととらえると可能性が広がる。行動をとめていたいろいろな面倒くさいものというのは至るところに実は転がっている。**彼らを動かすにはどうするか、ではなく、「行動しない行動」を肯定したら何が提供できるかという話である。**

これは、独身に限らず、家族には家族の「面倒くさい」があるかもしれない。子どもには子どもなりの「面倒くさい」がある。各々の立場によって「面倒くさい」は出てくるが、**そういうものをとらえ直してみることが非常に大事なのだと思う。**

○すべての行動は受け身である

これはマーケティング的にはとても重要なのだが、あまり意識されていないポイントとして「人間は受け身である」という点だ。主観調査で「あなたは能動的か、受動的か」と聞いた場合でも7割は受け身なのだが、これは働き蟻の法則とも通じる。2：8の法則やパレートの法則ともいうが、能動的にやれるのはせいぜい2割か3割ぐらいしかいない。残りは受け身であり、働こうとしない。

しかし、この2〜3割の能動者も仕事では能動的であっても、家庭や恋愛では受動的であったりする。**すべてにおいて完全に能動的な人間など存在しない。**

ここで消費は能動なのか受動であるか、どちらなのかについて考えてみたい。

何かを買う時、お金を払うという行動は、自分から能動的な意志によって支払っていると思うだろう。それはその通りで、嫌々ながらお金を奪われたらそれは強盗である。我々には、お金を払ってそれを買う自由もあるし、それを買わないという自由もある。選択の自由である。

しかし、本当に消費は能動的にやっているだろうか。

家にいる時に「あれを買う」と決断して、店に行ってそれを買ったのだから能動だと思うかもしれない。しかし、「あれを買う」という思いになった前段階では、広告を見たかもしれない、誰かの口コミを見たかもしれない。何かしらの刺激を受けていなければ、そもそも「あれを買う」という思いは発生していないはずなのだ。そして、「あれを買う」と決めた時にも、象使いによる「理屈付け」をあれこれしているはずなのである。

反対に、何も買うつもりのなかった場合でもフラッと入ったお店で「ピンときて」衝動買いしてしまったという経験は誰にもあるだろう。他にも、スーパーなどで閉店間際になれば、惣菜や揚げ物などが半額シールを貼られて売られていたりする。それをまとめて買ってしまった経験はあると思うが、あれはそれが食べたくて買ったのだろうか。安いからという理由で「今買っておけばお得だ」という理屈付けに基づいて買ったに過ぎない。お金を払って買ったのは間違いなく自分であるが、この消費は果たして能動的だったといえるのだろうか。

モノだけではない。たとえば旅行もそうだ。沖縄に行きたい、京都に行きたい、というのは最初に意志があったように思えるが、その前にテレビで沖縄の青い海で楽しむ映像を見たかもしれない。他人のインスタで京都のきれいな紅葉の写真を見たかもしれない。または、たまたまネット広告で「今なら30％オフ」というキャンペーンを見たからかもしれない。

このように、**自らお金を支払っている行動も実は能動ではなく、本質的には受動なのである。受動であると意識しないのは理屈付けのおかげでもある。言い換えれば、そもそも受動な人たちにいかに能動で買っているかと錯覚させられるかがポイントになる。**それは決してカルト宗教的な洗脳ではない。たとえ本質的には何かしらの外部の作用によって受動的な行動だとしても（というか、一切の行動は基本的には受動なのであるが）、能動でやっていると認識できた行動は、人間を幸福にできるからである。つまり、それは象使いの理屈付けに頼らずとも、象の感情というものを裸で体感し、その感情によって自分は今行動しているのだと認識した時に、人間は受動でありながらも能動の喜びを感じられるのだ。

具体的に言うと、道でストリートミュージシャンの歌に偶然出会ったとする。足を止めて耳を傾ければ、とても心に沁みて、何かしらの感動などの感情が沸き起こったとする。そこで投げ銭をする行動には、理屈付けの作用は働いていない。「ここで私が投げ銭をしたら周りから気前のいい人と思われるから」などと考えたわけではない。「いい歌だった。ありがとう」だけでお金を支払っているのではないだろうか。これも、厳密には能動ではない。歌を聞いたという状態があっての受動行動なのだが、こと投げ銭をした行動に関しては「自分は能動的に彼の歌に感謝して投げ銭をした」と感じているはずで、本人にとってもこの行動はとても気持ちがいいはずだ。同時に、彼の歌と出会った「つながり」という帰属意識を満足させ、自己の社会的役割を少しだけ感じられているだろう。これがエモ消費なのである。

何でお金を払ったかわからないわけではない。**自分のこの幸福な感情を喚起し、それを認識させてくれてありがとうという意味の対価なのである。**

要するに、**本来すべての消費は受動行動なのであるが、勘違いでも錯覚でも「これは自分が進んでやっているのだ」と感じられるから、エモ消費は精神的充足が得られるものなのだ。**

○「無」を求める感情

人間の感情は、好きよりも嫌いの方が勝る。好きの喜びより嫌いの不快の方が勝ってしまう。なぜなら、不快は極論すれば自己の生命の危険と直結するものだからである。臭い食品を嫌うのは、それが腐っていて自分の健康を損なう恐れがあるということを察知するためであり、良いにおいと臭いにおいが同時にあったら、大抵臭い方を察知するだろう。

これはそれぞれの不幸感とも関係しており、幸福な人より不幸な人の方が不快に対して敏感になる。いつも何かに怒っている人がいるが、そういうことである。

そうすると、**不幸度の高いソロの方が家族よりは不快に敏感になる。好きより嫌いに反応しがちになる。**

好き嫌いの感情は伝染する。誰かに、あるものが好きなんだとずっと力説されていると好きになってしまうのはザイオンス効果の一種であるし、自分の周りの人が「みんな嫌っているよ」と言っていたら、会ったことがない人のことも嫌いになってしまう。嫌われている場合は、その理屈付けも強固にされているので、納得性も高い。

レストランで食事をして「すごく美味しい」と感動したのに、その直後グルメサイトを閲覧したら、その店の評価がたいして良くなかったとしよう。そうすると、人は自分の「美味しい」という感情は間違いだったのかもしれないと感じ、「よく考えたらあれは不味いな」

と結論づけてしまうことがある。誰からも強要されていなくてもである。

そういう経験をすることで、「好かれるより嫌われないようにしよう」という処世術が身に付く。

たとえば、香りのきつい香水をつけるより、無臭にしてくれるものの方がいい。派手な洋服より、モノトーンなどの無難な服を選びたい。髪型はみんながしているようなものに合わせておきたい。目立ってはいけない。主張してはいけない。じゃないと、周りに嫌われてしまう…という意識が働く。就職の面接会場などはまさにそういう状態になる。なんなら、見かけだけではなく、言うことまで同じだったりする。

この「嫌われたくない症候群」は非常に強いので、逆にいえばそこにこそ商品やサービス開発のヒントが隠されている。

自分に自信満々で自己肯定感が高いならそんなことは気にしない。「自分を出して、それでその会社が自分を選ばないのならそれまでだ」、という気概で臨めるだろう。しかし、ソロを中心に、特に恋愛経験もない状態では、とても自己肯定感は高められない。自分を出すなんてとんでもない。だから、自分を「無」にしてくれるものを求めるのである。消臭し、体型を隠し、顔の自分の嫌いな部分を見られないようにし、どこかの誰かが書いたような志望動機を言う。

そんなひ弱な受け身体質じゃ困るよ、と言いたい人もいるだろうが、そういうものなのである。不幸感があり、自己肯定感がなく、自分や今の生活を変えたいという自己変革消費を志向しているにもかかわらず、実際の行動に至る前には「嫌われたくない」という感情の象が立ちはだかるのだ。

そういう場合に「がんばれよ」とマッチョ思考で励ましても無意味だ。それこそ「無理・無駄・面倒くさい」という3M思考にハマってしまうだけである。

現代はテクノロジーも進歩して、体臭などを無臭化することも可能だ。**「無」を求めているのであれば、本人の努力とは関係なくそうした「無」を提供してあげればいい。**その上で「ほら、望み通り無になったのだから自信を持って」という一見矛盾したお膳立ての方がスムーズに受け入れられる。実際、象が行動してしまえば、勝手に理屈付けするし、別の感情を喚起できるようになる。

○男脳・女脳なんてものはない

今までマーケティングでは、損得勘定の合理的価値を訴求すべきと言われてきた、特に、独身男性などこだわりのある嗜好の人たちを動かすには、機能性やスペックを重視して訴求すべしというのがまことしやかにいわれていた。

しかしそんなことはないのである。

「男脳」「女脳」という話はなぜか人気がある。「女性は直感で選び、男性は理屈で選ぶ」などといわれているし、実際にマーケティングの現場で正しい知識として流布されていたりもするが、そんなことはない。確かに、男女では身体の構造も違うし、男性ホルモンと女性ホルモンも違う。ジェンダーの差が有意な部分もある。が、それは男女による性差の違いというより、あくまで個体差なのだ。「女性は数学に弱い」と言われていると、「数学はできてはいけない」と、自分で自分に呪いをかけてしまうし、一方、男性も「男は弱音を吐いてはいけない」などという男らしさの呪縛がある。これを「ステレオタイプ脅威」という。

血液型占いも同様だろう。血液型などで性格診断をした際に、「当たってる」などと信じてしまいがちだが、**人は、その診断結果で言われた性格に自分自身を寄せてしまう傾向があるからである。**A型の人が几帳面だと言われれば、几帳面にしようと思い、O型の人がおおざっぱだと言われれば、そのようにふるまうようになってしまうだけの話だ。まさに、これも環境によって自分の行動を理屈付けしているパターンのひとつである。

そもそも、「男脳」「女脳」とは、そんな血液型占いと同じくらいいい加減なものである。血液型でマーケティングなんてするだろうか。A型の人向けのキャンペーンなどやったりするだろうか。別に何型だろうが有意差はないし、やろうともしないであろう。実際やったら、エンタメとしてはおもしろいかもしれないが。

「男脳」「女脳」でマーケティングを考えるというのは、血液型でマーケティングを考えるのと同様なのである。

男性は機能やスペックでモノを買うと言われるのもその類で、女性だって機能やスペックで買い物をする場合も多いし、男性だってイメージや情緒価値で買い物をする。男だろうが女だろうが、基本的に興味のないものには鈍感である。

仕方のないことだが、商品開発する側は「この機能は素晴らしい」と言いたい。自分が手塩にかけて作り出したこの最先端の機能はみんなを幸福にするはずだと自信を持っているこ とだろう。それはいいのだが、**機能は感情を揺さぶらない。象使いにしか届かない。**機能に反応するのは、もはや感情が買うことを決めた後で、この選択は間違っていないことを理屈付けして安心するために活用されるものだ。

そして、意外に盲点なのは、常に最先端のテクノロジーの機能を求められているわけではないということだ。客にとって「今ココ」で求めている感情を満たしてくれる機能性であればいいだけだからだ。

ソロ対象に商売を行う場合は、男女という性差よりも、一人暮らしなのか家族と同居なのか、所得がどれくらいなのか、恋人がいるのかいないのか、という環境の違いの方が重要である。

ちなみに、一般的に「男脳・女脳」として分類されている性質は、性格診断のビッグファイブ類型に近いものである。ビッグファイブとは、アメリカのオレゴン大学名誉教授であるルイス・ゴールドバーグが提唱した「私たちの性格は次の5つの性格因子の組み合わせによって決定される」という考え方で、5つの因子とは、「協調性」「開放性（好奇心の強さ）」「誠実性（真面目さ・計画性など）」「外向性」「精神安定性（感情的になりやすい・

情緒不安定など）」となる。「開放性」「誠実性」は男脳的であり、「協調性」「外向性」は女脳的であるとも振り分けられるが、この5つの因子は男女で明確な違いはそれほど出ない。むしろ、「外向性」「協調性」は男女ともに既婚者など「ノンソロ」系で高く、「ガチソロ」系では低い。内向的で協調性が低く、むしろ競争心の高いソロ女性はいくらでもいる。むしろ**「ソロ脳・家族脳」と分類した方が適切**かもしれない。

◎「選択肢の罠」の落とし穴

受動なのに能動だと錯覚させる仕組みは古くから商売では活用されている。「選択肢を用意する」という手法がそれにあたる。

たとえば、うな重を食べに行ったとする。メニューは大抵、松竹梅となっている。松が一番高い。仮に5000円としよう。竹が2500円。梅が1000円である。そうした場合、よほど金銭的に問題がある場合を除けば、ほとんどの人は竹をオーダーするだろう。

しかし、これが、松と梅の2種類しかなかったとしたら、今度は大抵が安い方の梅を頼むことになる。値段というものは、絶対価値・普遍価値のように見えて相対価値なのである。選択肢の幅という制限の中で相対的にどれがいいのかという判断を無意識にしている。
そのため、もし松と梅という2種類のメニューしか用意しなければ、店は儲からない。客単価が１０００円になってしまうからである。メニューを3種類用意して、価格の幅を持たせて、相対価値を意識させられれば、大抵真ん中の価格帯の竹を選んでくれるというのがわかっているからこそ、それこそ行動経済学なんて学びようもない江戸時代の店主がそれを実施していたのである。

５０００円の松を頼む客はほぼいなくてもよい。真ん中の竹を半分以上の客が頼んでくれるだけで、客単価が大きくあげられる。しかも、別に客にとっても何ひとつ損をしている話ではない。１０００円の梅と同じものを竹として出しているという詐欺をしているのではないのだから。むしろ、客は客で、竹を選択した自分を「よい選択をした」と満足しているだろう。

この3つの選択肢というのは非常にいい塩梅で、これが7つも8つもあると、今度は多すぎて選べなくなる。有名な「ジャムの法則」というのがあるが（１９９5年にコロンビア大学のシーナ・アイエンガー教授により発表）、選択肢を多くしすぎると「選ぶのが面倒くさい」となるのである。決定回避の法則と呼ばれる。「ジャムの法則」では選択肢はせいぜい6種類程度というふうにいわれているが、これは同じ値段で種類が何種類もある場合なので、松竹梅とは前提は違う。

しかし、こうした小手先のハウツーばかりを学んで、客の感情を悪用していないだろうか。あえて選択肢を2種類しか用意せずに「どちらかを選べ」と迫る手法がある。AかBか。どちらかを選べというふうに迫って、心に余裕がない場合は、「どちらかを選択しなければならない」と強迫感情に訴える手法だ。今でもテレビの高齢者向け通販番組などではよく使われている手法なのだが、感心しない。「今から30分以内にお電話いただいたお客様のも半額にします」などというものだ。「今買わなきゃ損する」という気持ちを喚起する「損失回避効果」を狙ったもので、これも古くから使われてきた手法ではある。スーパーにあるタイムセールも似たようなものだ。

選択肢を2つしか用意していないこと自体がそもそも罠であり、悪徳商法や詐欺師が良く使う手でもあるが、そもそもは全体主義で大衆を扇動する手法でもあった。20世紀の全体主義は「敵に殺されるか、敵を殺すか、どっちだ」と扇動した独裁者によって、普段は虫も殺せない大衆が「外敵を殺せ」と熱狂したのである。

大衆消費時代ならその手も通用するし、かつての大衆層だった高齢者は相変わらず騙されてしまうかもしれない。しかし、別にその店だけしか物が買えないわけではないのだ。実際は、選択肢は2つだけではなく「そもそもそこでは選ばない」という第三の選択肢がある。それを知らない客ばかりではない。こんな手垢のついたマーケティングを思考停止で継続していれば、普通に見透かされる。それどころか、このSNS時代、あっという間にネガ情報として拡散されてしまうだろう。

売る側の論理だけで、騙してでも「買わせた者勝ち。後は知らん」のような売り方をしていては、客のネガ感情しか喚起しない。そして、それは強固な負の理屈付けとなって「あの会社の商品、絶対に買わない」だけではなく、「みんなにも買わせないようにしよう」という不買運動にまで進むリスクがあることを肝に銘じておくべきかもしれない。

モノ消費の時代のように、買ってくれる客だけが客ではないのだ。むしろ、買わない客に、ファンではない層に、無駄に嫌われることの方がリスクは高い。誰からも好かれるようにする必要もないし、それは無理だ。しかし、嫌われないための環境整備は重要である。

○文脈を作るというイノベーション

講演などで、私が必ず使うものだが、この図5－4は何に見えるだろうか。

「B」と読んだ人は「B」にしか見えないが、「13」と言われれば「13」にしか見えなくなったりするだろう。記号としての形は何ひとつ変化していない同じものなのに、頭の中の認識ひとつで違うものに変化してしまう。

次ページの図5－5のように、上段の流れで見れば、これは「B」になるが、下段で提示されたら「13」になる。両方とも同じ形なのに、並び方を変えただけで全然違うものになる。

図5-4

これが文脈効果と呼ばれるものだ。

たとえば同じ人間でも、AさんCさんDさんに囲まれている人と、12さん14さん15さんに囲まれている場合、同じ人間でも印象が違うということにもなる。具体的には、裁判官の中に並んでいる人と、ヤクザの中に並んでる人がいたとしたら同じ人間でも、

図5-5

前者は裁判官に見えてしまうし、後者は悪そうなヤクザに見えてしまうのだ。

そういうふうに勝手に脳は解釈してしまう。文脈効果のおもしろいところでもあるが恐ろしさでもある。

メディアがよくやるような、切り取り報道とはこの文脈効果を使っているのだ。AとCという流れの中で記事化してしまえば、それは本当は「13」だった情報かもしれないのに「B」にしか見えなくなる。

使い方を誤ると危険なものではあるが、上手く使えば効果を発揮する。プラシーボ効果もその一例だ。ただの水でしかないものを薬だと思わせて飲ませても効いてしまう場合がある。子どもの頃、腹痛になっても母親からお腹をさすられただけで治ってしまったという経験はないだろうか。科学的に解明できないが、事実としてそういうことはある。同じ言葉でも、尊敬する人が言った言葉は心に響くが、嫌いな人が言った場合は「何言ってやがる」と思ったりする。

これらすべて、**対象物は一緒でも、その文脈が違うだけで意味が変わるということだ。**

商品開発をしようと思った時に、今まであった商品をやめて、新しい商品をゼロから考えなければと思ったりするだろう。でも、**文脈効果で考えれば、同じ商品でも文脈の工夫だけで、印象も変わるし、客の行動も変わる。**

イノベーションという言葉がある。技術革新と日本語で訳されているが、あれを最初に提唱したシュンペーターからすれば、イノベーションとは、ゼロから何かを発明したり、発見したりすることではなく、今、ここにあるようなものを、組み合わせを変えたり順列を変えたりすることによって、新しい価値を、新しく結合することをイノベーションとしている。イノベーションとは「新結合」という意味である。

そういった意味で考えると、今までの「B」を「13」として売り出したらどうなの？という発想もまたイノベーションなのだ。何も開発していなくても、何も変えていなくても、「C」という発明などしなくても、文脈を変えるだけで違うものを生み出すことができることになる。

アニメオタクが行う聖地巡礼もそうである。地元の人にとっては、何の変哲もないただの坂道でもアニメに出た瞬間に、アニメオタクにとってはそこは尊い聖地になってしまう。その坂道を訪れるために、遠方から新幹線や飛行機に乗ってやってくる。

1円もその坂道に投資はしていない。何にも変えてない。坂道は坂道のままなのに、ある人にとってはかけがえのない価値を生むことができる。

文脈があるとそこに物語が生まれるし、物語があるとそこに、それを見ている人の象が動き出すのだ。感情が生まれる。物語に興味がない人にとってはそこには何の感情も喚起されないが、そこに物語を見出している人にとっては大金を払ってでも惜しくない価値になる。

誰もが同等に一様に統一的に感じる絶対価値の時代は終わった。ある人にとって無価値でも、そこに価値を感じる人がいる。全員が同じ価値を提供する必要はないのである。

○接続するコミュニティ

第1章でも書いた通り、ソロ社会化は不可避である。日本に限らず全世界的にそうなっていくだろう。それは同時に、**今までのコミュニティ構造自体が変わるということでもある。**

事実、かつて安心を提供し、安定的であった地域・家族・職場などのコミュニティがどんどん消滅しつつある。社会学者バウマンやベックが予言した通り、「個人化する社会」が間近に迫りつつある。しかし、だからといって、「個人化する社会」においてコミュニティは存在しなくなるのか、といえば、そんなことはない。

コミュニティがなくなるのではなく、コミュニティのあり方が変わるのだ。

かつての家族、地域、職場というコミュニティがよかったのは、そこに所属している人々は、「自分はこのコミュニティの一員だ」という安心感が得られたからである。もちろん、そうした安心感と引き換えに不自由さや我慢は甘受する必要はあった。ウチとソトを明確に区別し、ウチ側の「所属」であることが何より重視された。所属とは別の言い方をすれば、居場所であるということだ。

ところが、現在では所属が安心を約束してくれるものではなくなっている。都市部においては、地域はコミュニティどころか、隣人が誰かすらわからない状態である。職場のコミュニティもかつての親密な関係性もないただの仕事場と化している。家族というコミュニティですら、昭和的な大家族形態も少なくなり、そもそも結婚をせず家族のコミュニテ

図5-6

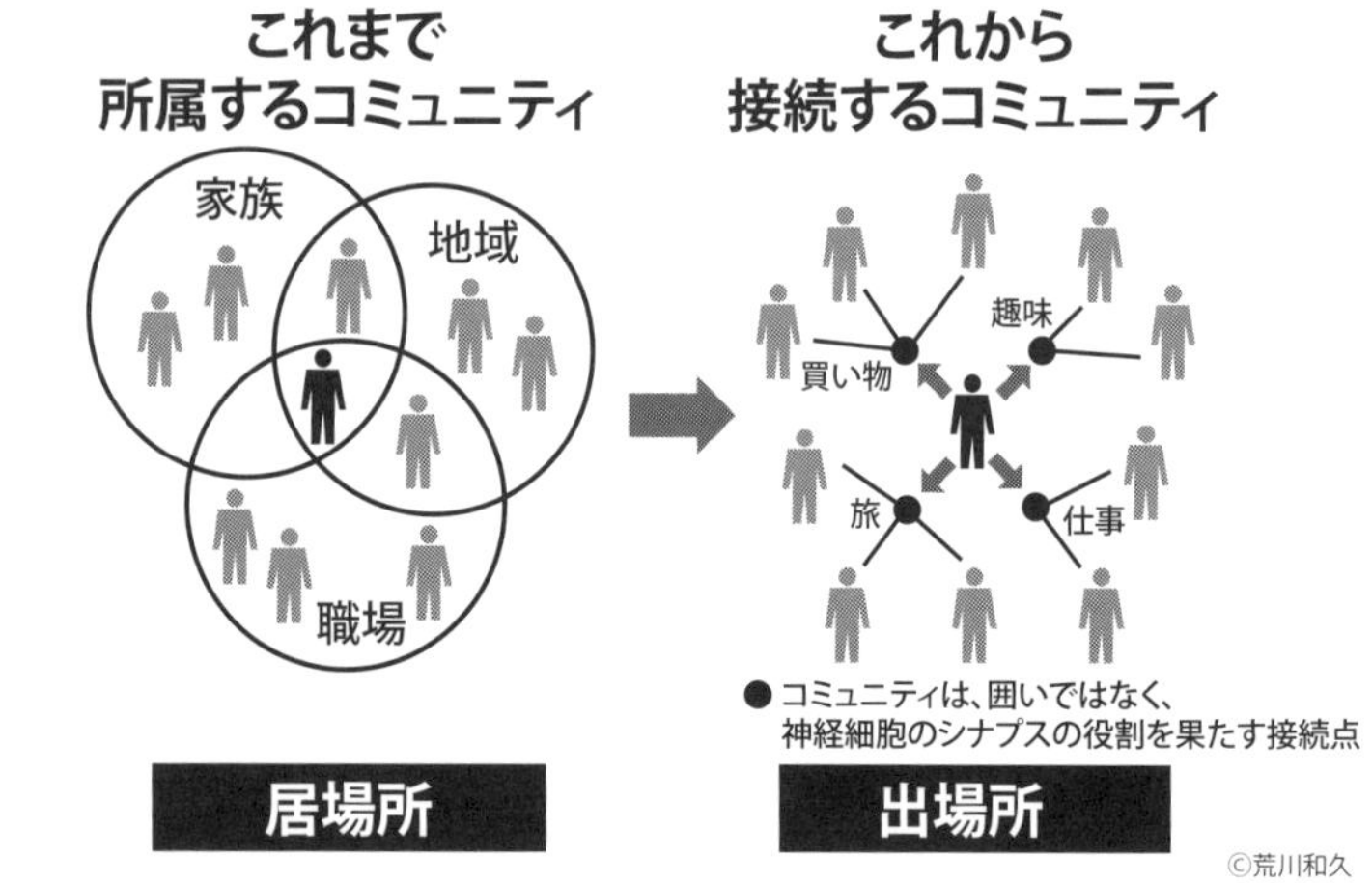

©荒川和久

イを持たない人も増える。

コミュニティの在り方が変わる。「所属するコミュニティ」から「接続するコミュニティ」へと変わる。

かつての家族、地域、職場は「所属するコミュニティ」だった。しかしこれからは、枠の中に自分を置いて群の一員になるのではなく、個人と個人とがさまざまな形でゆるやかに接続する形になっていく「接続するコミュニティ」が作られていく。

趣味のコミュニティなら、趣味を行う時だけそのメンバーと接続する。自己研鑽や学びなら、そういう時だけ協力し合う。**時と場合と相手に応じて柔軟に接続するコミュニティを組み替えていくイメージになる。**

コミュニティとは、ニューロンネットワークにおけるシナプスのような役割を果たす。そこへの所属が重要なのではなく、あくまで人と接続するための手段としての役割が求められるのだ。

接続するコミュニティでは、所属コミュニティのような安心な居場所は用意されていない。居場所ではなく出場所であるからだ。むしろ大昔のように所属コミュニティの中は安心な居場所であるということすら幻想になりつつある。会社員でありながら居場所のない社員はたくさんいるだろう。家庭の中においても居場所のないお父さんもいるかもしれない。どこかに所属して居場所があれば安心だという時代ではなくなりつつある。ましてや、ソロ社会化ともなればなおさらである。

接続するコミュニティとは、当然居場所ではないので、どちらかというと、スポーツの「練習場」のような場に近い。しかし、こうした接続コミュニティでも出向いていく行動によって、そこで接続する誰かからの承認や達成感を得ることができる。それが自己肯定感や自己の社会的役割の確認につながる。所属コミュニティのように空気を読む必要もないので、その瞬間は自由に自己を解放できる。

消費についても同様で、所属コミュニティ内での消費は、あらかじめその囲いの中で用意される選択肢は限られていた。限られた選択肢の中で最適なものを選べばよかった。選択肢が多いことが決して満足につながらないように、それが所属員の全体の幸福度をあげていた。みんなで同じ物を揃えるマス消費はそういうことである。

しかし、接続コミュニティでは、無限に続く接続点ごとに選択肢はあると思われがちだが、人間の認知には限界があって、それらを全部把握することは能力的にできない。できない以上、どうするかというと、感情の琴線に触れた接続点だけを見るようになり、他は無視していく。それを好きな仲間同士でその時だけ集まってともに楽しむが、終わればまた元の他人となって散会していく。時と場合に応じてコミュニティのメンバーが入れ替わっていくイメージとなる。

つまり、**ソロ社会において接続するコミュニティとは、自己の社会的役割という幸福感を感じられるエモ消費の点にもなりうる。**

顧客の生涯価値などといわれる。いかに長く自社の優良顧客になってくれるかという観点で、囲い込みなどともいわれる。しかし、もはや、所属コミュニティが幻想化する中で、あえて城壁の中に顧客を囲い込もうとする戦略はむしろ逆効果である。多くがもう城壁の外の世界を知っている。それなのに、あえて城壁に閉じ込めようとするのはそれは監禁と同じなのだ。囲い込みではない。いかに「出場所」として、繰り返し接続したいと思ってもらえる魅力を出すことができるかが大事なのだ。

コミュニティ作りに関しては、現在も多くの企業で取り組みがなされているが、単にコミュニティという言葉を使っただけに過ぎないものが多い。祭りをやればいいって話でもない。宗教でもない。かつて注目されたオンラインサロンもことごとくがその宗教っぽさゆえに、大方が離散し、かつての勢いはない。多くのコミュニティが囲い込みとその忠誠心を試すかのような売り込みに終始しているせいだ。

常に束縛され、その行動を監視するような相手と恋愛したいと思うだろうか？

コミュニティとは何なのか、について一度向き合った方がいいと思う。

テクノロジーが発達しても残るもの

「接続するコミュニティ」というと、ネットの世界を想像するかもしれない。それも当然含むが、すべて部屋の中で、VRゴーグルをつけて、メタバースの世界に埋没するということにもならない。人間は、リアルな自然や人間との接続なしには生きていけないからだ。

リアルな対面の力については、コロナ禍において多くが実感したことだろう。オンライン飲み会ほどつまらないものはない。

しかし、一方でネットやテクノロジーによって拡張できる世界もある。

高齢ソロが多くなれば、介護や孤独死の問題もある。もうすでに、見守り機能のあるソーシャルロボットなどはいろいろと活用されている。日進月歩の開発の中で**今後ますます高齢ソロに対する癒しや介護、健康管理、会話の相手という部分でより上質なサービスが提供されていくだろう**。

日本人は何でも擬人化が好きである。Siriやアレクサのような無形のＡＩスピーカーより、ヒト型や動物型のロボットとコミュニケーションをとれる方が合っている。

もはや、新聞やテレビが情報源という時代でもなくなる。今後は、こうした個人に1台、パーソナル秘書的なロボットが付くことによって、学習機能を高め、個人に最適な情報の取捨選択をしてくれるようになるかもしれない。そうなると、もはや**このロボットこそがメディアになる**のである。個人がハードやサービスの利用料を払うことなく、広告料で無料で使えるようにもなるだろう。そうなると、このロボットのソフト利用のシェア争いが熾烈になる。

日本人技術者は、とかくロボットのハードの方に注力しがちだが、ロボットは所詮入れ物であって重要ではない。どういうアプリが利用されるかという方が主戦場となるだろう。**現役ソロに目を移せば、自分の分身ロボットとしての需要もある。**自分の興味関心や今までの行動履歴などを学習し、さらには性格特性まで把握した自分の分身のような話し相手ロボットがあったらどうだろうか。自分自身と話したところで、そんなわかりきった相手とじゃおもしろくないと思うだろうか。そんなことはない。自分の中学や高校時代に日記をつけていた人もいるだろう。それを思わず発見して読んだ時に、それは確かに自分で書いたものなのに、まるで知らない人が書いたもののように思えたりするだろう。

残念ながら人間の記憶力はそんなによくない。自分のしたことすべてを覚えてはいない。自分の思考だって、年齢や経験とともに変わっている。そういう自分が忘れた自分というものを網羅した分身がいれば、それは心地よい話し相手になれるだろう。場合によっては、その相手と予期せぬ議論だってできるかもしれない。忘れてしまった感動的な自分のエピソードを話して聞かせてくれるかもしれない。イライラした時はその怒りをぶつけても構わない、そもそも自分自身なのだ。小さなことをいえば、今日の晩御飯のオカズも相談できる。

リアルに誰かと対面しておしゃべりしたいなと思った場合は、分身AIがネットワークをつなげて、他者の分身AIと通信をし、今まで会ったことのない相手でも、意気投合するような相手を勝手に選んで、対面をセッティングしてくれたりする。一緒に趣味の場に行く人も見つけてくれる。本人が内向的な性格だとしても、社会とのつながりをお膳立てしてくれる。**このメカニズムこそ、結婚相談所などのマッチングに応用できるし、若者の就職活動や、会社における配属のマッチングにも適用可能だ。**

家族がいないソロであっても、豊かに暮らしていくための相棒となり得る。ある意味、自分自身を拡張していくための機能でもある。一人暮らしじゃなくても、高齢者じゃなくても、使いたいという人はいるのではないだろうか。

ただし、勘違いしてはいけないのは、これらのロボットは、誰ともリアルにつながれない人のための接続点ではない。道具でもない。むしろ、リアルな生活を幸福にするためのパートナーなのである。

おわりに

ベストセラーとなった『人生がときめく片づけの魔法』（サンマーク出版、２０１１）の著者である片づけコンサルタントのこんまりこと近藤麻理恵さんは有名なので、ご存じの方も多いだろう。ネットフリックスの番組効果などもあり、日本以上に全米で大人気である。

なぜ、彼女の「片づけ」がこれほどまでに全米の人たちを魅了したのだろうか。

それは「片づけ」のやり方を教えたからではなく、部屋がきれいになるという掃除ビジネスだったからでもない。彼女が提供しているのはたったひとつ「ときめき」なのである。片づけはその「ときめき」を得るための手法に過ぎない。

読者の中にも、今まで買った書籍を捨てられず、部屋の隅で山のように積んでいる状態になっている人もいるかもしれない。これをいざ片づけるとなっても、どうしたらいいかわからないだろう。洋服でもジュエリーでも一緒である。

こんまりは、大前提として「全部捨てる」というところから始めるのである。

そんなこと言われても…と思うかもしれない。「この本には思い入れがあって…」「この服はあの時着ていったものだし…」など。しかし、彼女は「全部捨てるという前提があった時に何を残すかという選択ができる」と言う。たとえば、洋服であれば、一枚一枚手にとって「触ってみた時に自分の身体がきゅんとするかどうかが大事」と言うのだ。もちろん、理屈で、この服はもう何年も着ていない、だから捨ててもいいのだと言われれば「そうだな」と思うかもしれないが、それだと腹落ちしないのではないか? 「大事にしている服はいつも着ているはずだ。ずっと着ていないものは大事じゃないのだから捨ててもいいのだ」などと理屈で言われたら、もっと反感を覚えるだろう。

彼女はそうは言わずに、「きゅんとする」かどうかを基準に提示するのである。この「きゅん」というのはまさに感情なのであって、言葉で言いようのないものである。しかし、本人がやってみれば、実にこの「きゅん」が実感できるのである。

同時に、彼女は、何の感情も起きなかった洋服に対しては「ありがとう」という感謝を言うことをすすめている。ここは非常に日本的な感覚である。モノというものにも心が宿るし、一緒に過ごした時間においては大事な友人のようなものなのだ。だから、お別れする際には感謝をこめて「ありがとう」と言いましょうという話である。別の見方をすれば、ずっと使っていなかったモノに対して、片づけや捨てるという行動を通じて、もう一度感謝をするというエモ消費をそこで行っているようなものなのである。使っていないモノからの幸福を感じるという行動なのである。

「こんまりメソッド」を見たり、実行したりする人が、一様に幸福そうになるのは、決して片づけができたからではない。今は使っていないが、買った時は、確かに何かしらの感情があったはずの商品に、もう一度あの時とは違うけれど「ありがとう」の感謝をひとつひとつに込めることで、その商品とともに生きた自分自身の人生すらも肯定することになるからなのだ。

2040年には、世帯の4割がソロ世帯になる。一方で家族世帯は2割に減る。独身者が5割となり、生涯無子率は男5割、女4割となる。「お金を持った子ども」というべき中年ソロが若者ソロより人口が多くなる。若者とか中年とか今までの年齢に応じた区分けはそこにはあまり意味を持たなくなる。独身と家族とはそれくらい感情も行動もそのOSが違う。しかし、OSが違うからといって、そこで得られるものが違うものになるわけではない。根本的には、誰もが笑顔でいたいのだ。

少子化や人口減少をなんとかしなければならないという社会構造の問題を議論する時はもうとっくに過ぎた。

2100年には日本の人口は今の半分の6000万人になるだろう。しかし、もはや不可避な未来に目を背けて、できもしない出生増や人口増加策などを語る欺瞞はおしまいにするべきだ。太平洋戦争中に、竹槍でアメリカと戦おうとした精神論と一体何が違うというのだろう。

人口が減少する過程においてソロ社会になるという現実を踏まえて、少なくとも人口の半分を構成するソロの欠落感の穴埋め＝幸福感を提供していくことにシフトしていくべきだろう。

欠落感を抱えるソロたちがエモ消費で幸せになるのであれば、それで幸せになってもらえばいいじゃないか。どうしたら彼らが自己の役割を感じられるか、送り手は考えてほしい。ソロたちが楽しく仕事をし、熱中する何かに消費をすることで経済が回り、それが巡り巡って誰かを助けることになる。ソロと家族は対立軸ではない。

増加したソロの消費は巡り巡って、家族の環境にも影響を及ぼす。店の品揃えが変化するのもその表れだ。家族とはいえ、四六時中行動をともにするわけではない。家族が生きがいの人にも、一人の時間は必要である。

「個人化する社会」や「個人化する消費」という言葉を聞くと、どうしてもバラバラな孤立したイメージを持つ人が多いが、そもそも個人が個人として幸せでなければ始まらない。不幸な人だけで群れを作ったとしても、それでは幸福にはならないどころか、不幸と怒りが増幅するだけだ。

みんなが共通する標準型の幸福を求める時代は終わった。それぞれがそれぞれの幸福を感じられれば、それが全体として幸福であるということなのだ。

家族や結婚や子を持つ人が、この世界からいなくなることはない。個人が幸せであるならば、次は自分の半径数メートルの人たちを幸せにしようとするだろう。幸せをシェアしたいと自然に思うようになるだろう。その結果、誰かと結び付いて、縁が生まれるかもしれない。家族になりたいと思うようになるかもしれない。

結婚したら幸せになるのではない。幸せな人間が結婚をしていくのだ。

この国の出生数や婚姻数が減っているのは、結局のところ幸せな個人が減っているからなのではないか。

荒川和久

荒川和久（あらかわ・かずひさ）
独身研究家／コラムニスト／マーケティングディレクター
広告会社において、数多くの企業のマーケティング戦略立案やクリエイティブ実務を担当した後、「ソロ経済・文化研究所」を立ち上げ独立。ソロ社会論および非婚化する独身生活者研究の第一人者として、テレビ・ラジオ・新聞・雑誌・Webメディアなどに多数出演。韓国、台湾などでも翻訳本が出版されるなど、海外からも注目を集めている。
著書に『結婚滅亡』（あさ出版）、『ソロエコノミーの襲来』（ワニブックスPLUS新書）、『超ソロ社会―「独身大国・日本」の衝撃』（PHP新書）、『結婚しない男たち―増え続ける未婚男性「ソロ男」のリアル』『「一人で生きる」が当たり前になる社会』（以上、ディスカヴァー携書）などがある。

ツイッター @wildriverpeace

知《し》らないとヤバい
ソロ社会《しゃかい》マーケティングの本質《ほんしつ》

2023年4月4日　初版発行

著　者　荒　川　和　久
発行者　和　田　智　明
発行所　株式会社　ぱ る 出 版

〒160-0011　東京都新宿区若葉1-9-16
03(3353)2835 ― 代表　03(3353)2826 ― FAX
03(3353)3679 ― 編集
振替　東京 00100-3-131586
印刷・製本　中央精版印刷(株)

©2023 Kazuhisa Arakawa　Printed in Japan
落丁・乱丁本は、お取り替えいたします

ISBN978-4-8272-1390-4　C0034